JN278192

肌づくり絵本

美肌の花道

佐伯チズでございます！

佐伯チズ・著
アバウト白浜・絵

講談社

1943年生まれ
62歳とは思えぬ
美肌!
ふっくら耳
街を歩くと
ピタピタさわられる毎日
トレードマークの
パープルヘア
実は若いころから
白髪だった千ズ
マツキヨで買ってきた
ヘアカラーで
自分で染めている
テレビ出演
でも
ファンデは
つけない
チークのみ
ディオール時代に
買った(買わされた?)勝負服

◆ は ◆ じ ◆ め ◆ に ◆

みなさま、こんにちは。佐伯チズでございます。

いつもは写真や映像で登場することの多い私ですが、今回は「チズ」というキャラクターとなって、みなさんを美の世界へご案内いたします。

このたびイラストを手がけたのは、『佐伯チズの頼るな化粧品!』をはじめ、これまでに私の著書3冊で装画を描いてくださった、イラストレーターの白浜美千代さん。白浜さんは、エレガントかつ知的な作風で知られていますが、一方で可愛らしくてコミカルな絵を描くことを、私はかつていただいたハガキで知っていました。だから、「絵本を出すなら、ぜひ絵は白浜さんに!」と懇願し、このコラボレーションが実現したのです。

私が「肌づくり絵本」に限りない可能性を感じたのは、「写真だけではローションパックの細部がわからない」「活字を読むのが苦手」という方たちに、もっと気軽に美容の世界に飛び込んでいただけると思ったからです。そこで今回は、アバウト白浜さん(白浜美千代さんのもうひとつの姿)の丁寧なイラストとともに、雑誌やテレビでもまだ紹介していない美容の話から、私の日常生活や子供時代、会社員時代の話などを一挙公開しました。どこを開いても、笑いながら佐伯式ケアが自然に頭に入っていく内容になっています。

「佐伯さんの本は、字が大きくて絵がたくさんあるからいいわ」

よく、そんなうれしいお言葉をいただきます。しかめっ面で本を読んでも、決してきれいにはなれないですよね。ニコニコしながら肌も心も美しくなれるなんて、最高でしょう。この本はそれをかなえてくれます。私自身も完成品を見て、涙が出るほど大笑いしてしまいました。みなさん、くれぐれも笑いすぎにはご注意くださいませ! そして、笑ったあとはシワを伸ばすこともお忘れなく。

目　次

基本の基

第1章
「チズ美容」基本の基

第2章

チズのダメ出し! 15連発

第3章
目からウロコの「チズ美容」

第1章
「チズ美容」基本の基

顔の洗い方、メイクの落とし方、
化粧品の使い方と使う量etc…
だれも教えてくれないけれど
実はすごく大切なこと、教えます！

ウソみたいな大まちがい続出!

本、雑誌、テレビなどで何十回も紹介してきた「佐伯式」ローションパック。でも、まだまだとんでもないまちがいをしている人が多いこと! みなさんもこんな経験ないかしら?

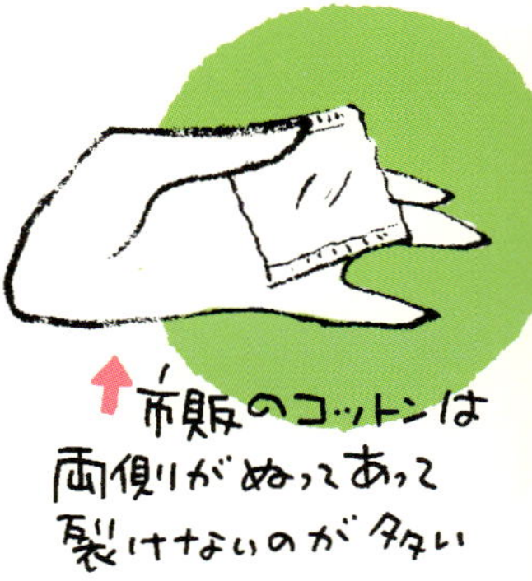

ローションパック

ああ！カン違い！

コットンが
うまく裂けず
顔がゴミ状態

コットン
シワシワ

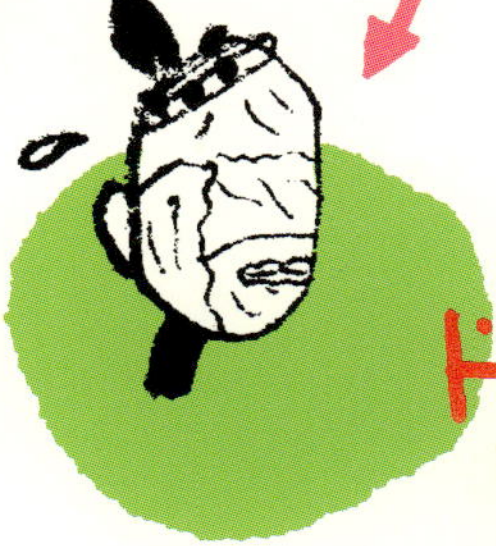

コットンを水に
ぬらさないから
ローションが大量に
必要

ローションを
水でうすめるなんて…
効果あるの？

化粧水は
そんなに「ヤワ」ではない！
水の力も実は大きい！

水とローションの力を
最大限に
引き出しているのが
ローションパック

ローションパック & ラップパック

もう1度おさらい!

早い、安い、効果的! 最高のホームエステがコレ

化粧水とコットンと水。たったこれだけで、“ゆでたまご肌”が完成するローションパックと、さらにラップをプラスしてプルンプルンの“かたゆでたまご肌”をつくるラップパック。正しい方法で毎日続ければ、1ヵ月後の肌は、確実にちがう!!

1

カット綿を
(7×14cm)
水にぬらし
両手で軽く
はさんで
水けを切る

2 化粧水
500円硬貨大を
カット綿に含ませ
全体になじませる

3 縦方向に
4〜5枚に裂く

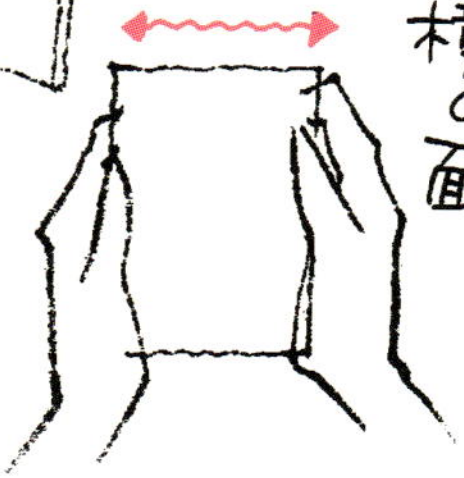

横に少し
のばして
面積倍増

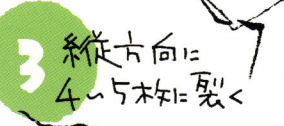

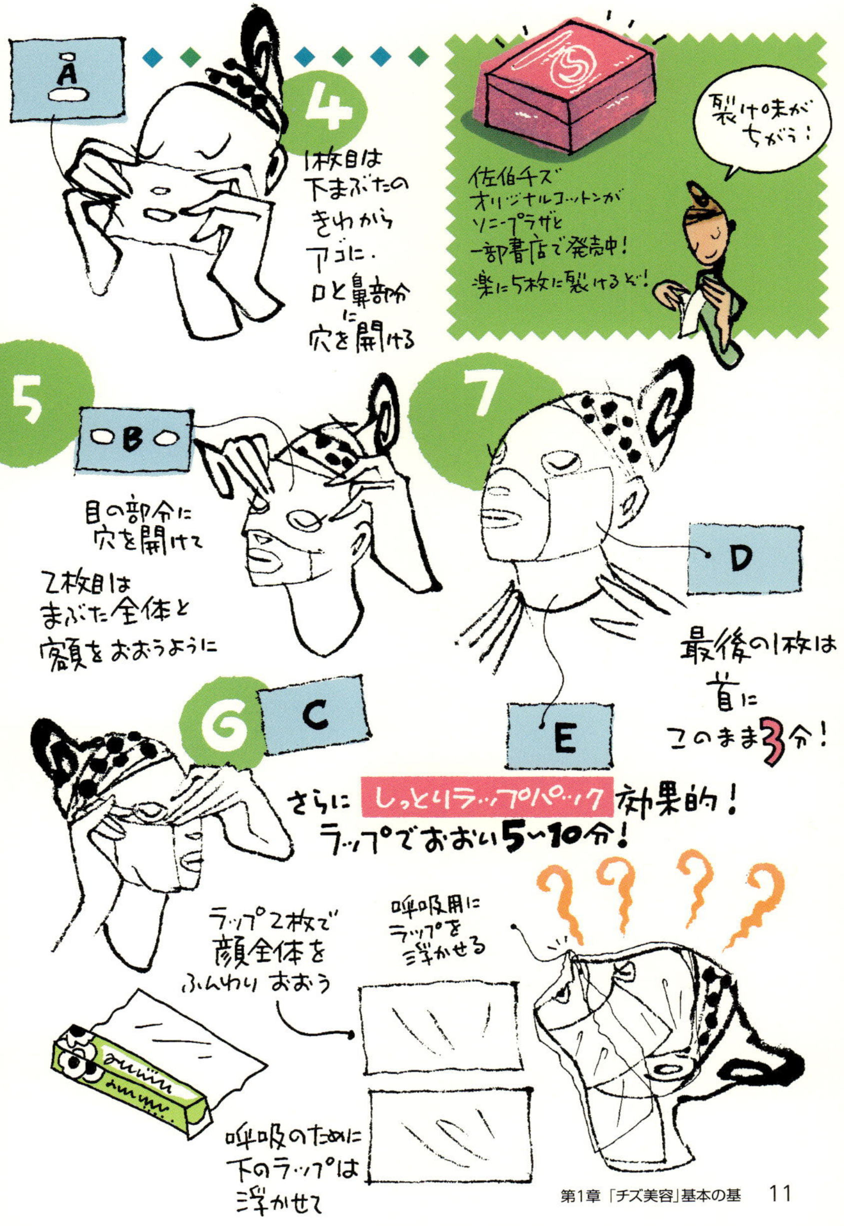
A
4
1枚目は下まぶたのきわからアゴに。口と鼻部分に穴を開ける
佐伯チズオリジナルコットンがソニープラザと一部書店で発売中!
楽に5枚に裂けるぞ!
裂け味がちがう!
5
B
目の部分に穴を開けて
2枚目はまぶた全体と額をおおうように
7
D
最後の1枚は首に
このまま3分!
6
C
E
さらに しっとりラップパック 効果的!
ラップでおおい5~10分!
ラップ2枚で顔全体をふんわりおおう
呼吸用にラップを浮かせる
呼吸のために下のラップは浮かせて

顔の洗い方 1

HOW TO

中心から耳まで丸ごと洗顔

クレンジング剤が肌に残っていると、そこから吹き出物が出てくることも。髪や服がぬれるのを気にして、 カンタンにすすぎをすませるのはとてもキケン。最低でも20回、耳まできれいにすすげば、ダブル洗顔は不要です!!

顔の洗い方 2

HOW TO

狭い洗面所
そんなに急ぐと
顔下がる
千ど◎

手のひらを
ぴったりと顔につけ
ゆっくり
手を横に動かす
手をゆっくり動かす
ことで
水の力を利用して
汚れを浮かす
ことができる
タオルの厚みを利用し
水滴を押さえる
ようにして
ふくこと
さっぱりー。

上下に手を動かす
男洗い
男拭き
ゴシゴシ
ゴシゴシ
腕まで
水浸し!
水が
ジャンジャンこぼれるし
手の動きも速くなり
肌に負担を
かけてしまう。
下向きの力のほうが
強くなるので
顔が下がる!

こするな、キケン!

みなさんの洗顔で、圧倒的に多いのが「男洗い」。上下にガーッとこするから、顔がどんどん下がっていく。顔は丸いでしょう？　内から外へ、ま～るく、ま～るく、手で包み込むようにしてやさしく洗うの。ふくときも、タオルで水けをおさえる程度。摩擦はダメ!

基本の基

洗い方 HOW TO 3 手とり足とり

洗顔のあとは目も洗いなさい!

1967年にはすでにあった
「白目がきれいになる目薬」

フランス ゲラン
アイドロップ
フランス人の美意識に脱帽!
日本でも早く作って!

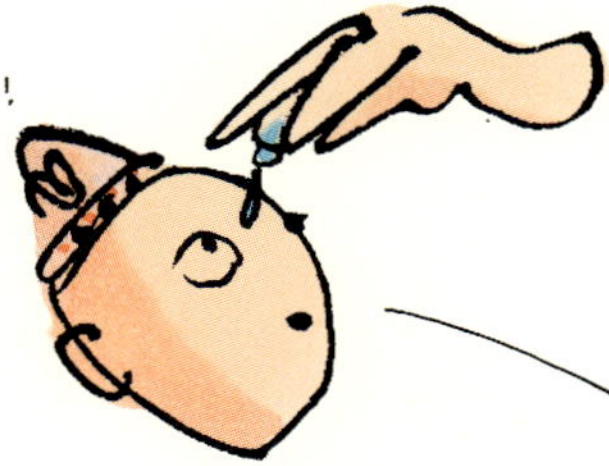

日中は「なみだロート」

白目と黒目を
はっきりさせる
効果があるのよ

夜は「Vロート」

目薬も大事な美容アイテム

充血美人って、いないでしょう? 白目がきれいだと、それだけで若々しく目が大きく見える。私の場合は、日中はうるおい用、夜は“目疲れ”を癒すビタミンB6入りの目薬をさして、目の中までお手入れしているの。

クレンジングは目の中まで

“目ぢからメイク”全盛の今、「女性の目の中が汚い!」と、眼科のお医者さんも驚いているとか。アイメイクをきちんと落とすのはもちろん、できれば目薬を使って目の中までおそうじを。充血や白目の濁りも防いでくれます。

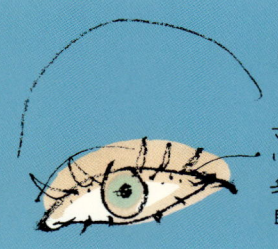

実は目の中は
ゴミでいっぱい!

マスカラ・アイシャドウで
けっこう汚れている目の中.

手を洗う感覚で
眼を洗う習慣を!

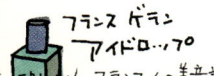

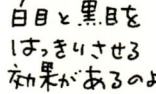

こちとら自腹じゃ！

・コスメとチズ・

ここで紹介しているスキンケアは
チズが自腹で購入。

一部はメーカーからの試供品も
あるけれど、タイアップも義理も
メンツもな～んもない
チズの　おすすめコスメワールド。
安心して参考にしてね！

ファンケルの美容液
これも良くできてます。
量が少ないので値段的には
決して安くない。
でも少ないと使いきれるのよね
それが◎
そして また新しいモノを買う これがいい！

・防腐剤が入っていないので
すぐに使い切るように

CHIZUの・おすすめコスメ・

NUXE（ニュクス）のスキンケア
マイルド アルコールフリー
トーナー（化粧水）
フランス製　3.465エン
ブルーベル ジャパン

メイド インフランスのニュクス
日本ではソニープラザなど、
ドラッグストアコスメのイメージがあるが、
フランスでは歴史も長く
ボディシリーズも充実
良品です
新宿 伊勢丹地下でゲット

エヴァンテ
バイタル コンセントレート
弱酸性美容液
12mL
3.360エン

新しい品を使うのは
肌のためにもいいのよ

マイルド
クレンジングミルク
3.150エン

ソフト
エクスフォリエーティング
スクラブ
4.200エン

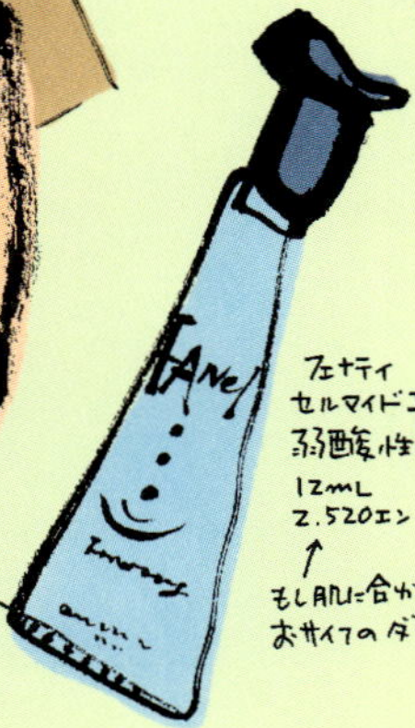

フェナティ
セルマイドエッセンスR
弱酸性美容液
12mL
2.520エン
↑
もし肌に合わなくても
おサイフのダメージが少ない

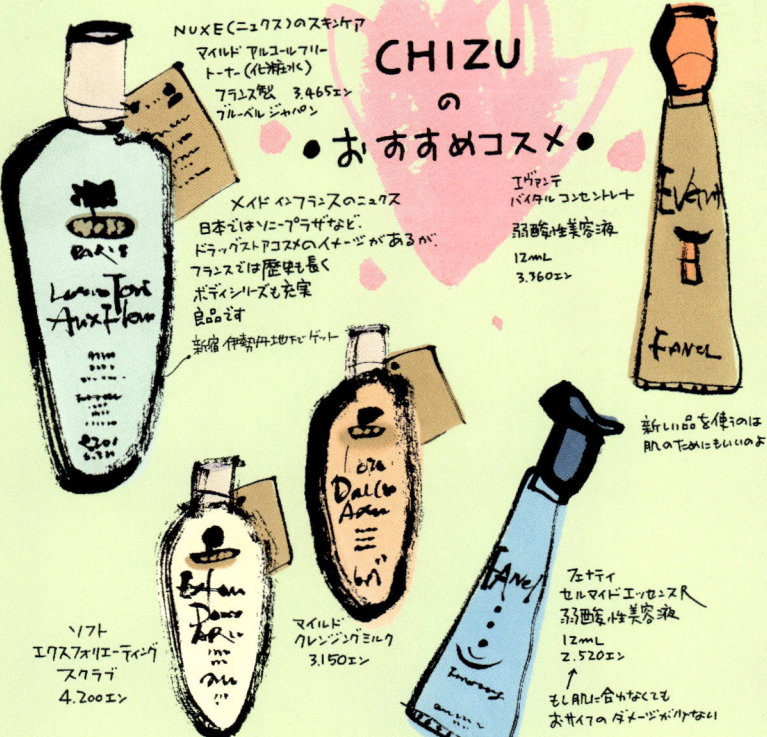

値段よりダンゼン使いやすさ!

値の張る化粧品は、それなりに質のいい製剤を使っていることが多いけど、安いからダメってことはない。手頃な値段でも、いい化粧品はあるのよ。そして、「佐伯式ケア」に欠かせないコットンだけは、使いやすいものを選ぶのに越したことはない。だから専用のもの、作っちゃいました。

おっと! たったひとつのタイアップ

日々 コットンを 裂きまくるチズ
裂け味が もうひとつ だわ・・
白十字の
それはコットン
(株) 白十字
ローションパックが 広まるにつれ なぜかカットメンの 売り上げが急上昇
また 注文の 電話ですよ
こんなこと 初めてだぞ
カットメンバブルだ・・
女子社員の タレコミで ローションパックの影響と 判明!
これを・・
いや〜 おかげさまで
白十字が あいさつに 来た!
あらま!
へ〜!! こうやって 使うのですか
もっと裂け味の いいのを 作ってくれません?
…というわけで!
白十字がローションパック 専用コットンを 作ってくれました 名前はチズコットン 2006年2月から ソニープラザと一部書店で 発売中!
600円
ぬれても丈夫
毛羽立ちしない!
ふんわり 厚め
サイズが 大きい!
簡単に5枚に裂ける

ハンドテクニック ストレッチ

自分の手は最高のエステティシャン

美容液やクリームをぬる時に使う、ベーシックなワザ。
肌表面を整えるのが目的なので、
手には力を入れず、肌の上で滑らせるように。

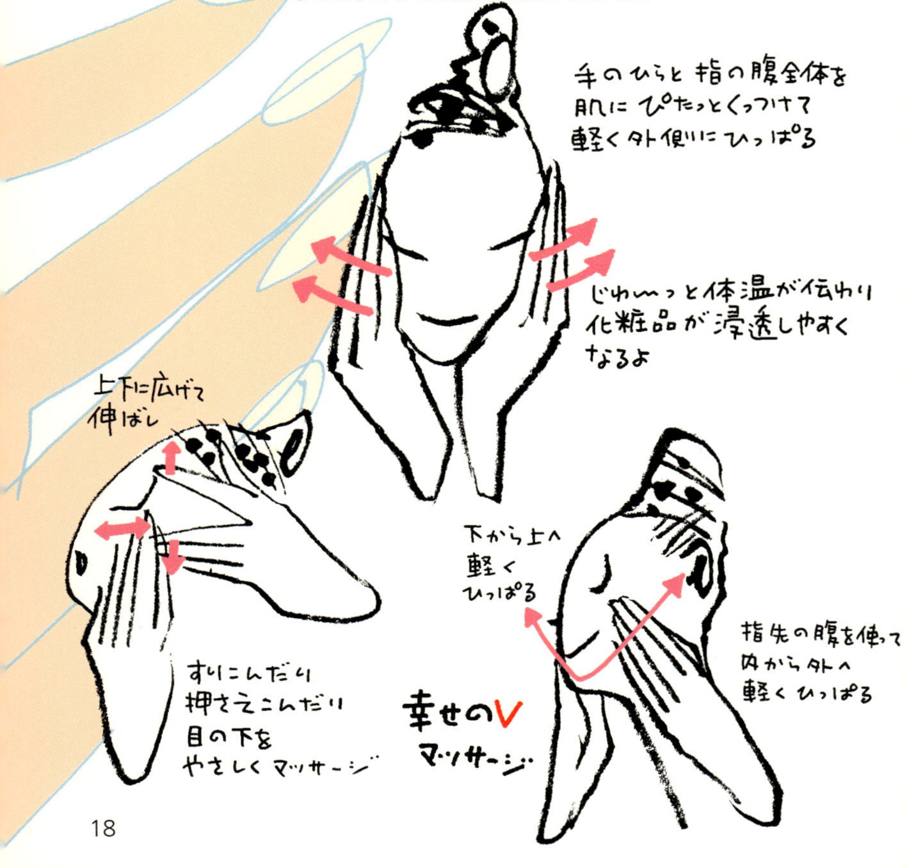
手のひらと 指の腹全体を
肌に ぴたっとくっつけて
軽く外側にひっぱる
じわ〜っと体温が伝わり
化粧品が浸透しやすく
なるよ
上下に広げて
伸ばし
すりこんだり
押さえこんだり
目の下を
やさしくマッサージ
下から上へ
軽く
ひっぱる
幸せのV
マッサージ
指先の腹を使って
内から外へ
軽くひっぱる

ハンドテクニック
プッシング

耳の後ろや、目や口のまわりを指で強めに押せば、
“ポンピング効果”でリンパの流れがスムーズに。
むくみや吹き出物の予防にオススメ。

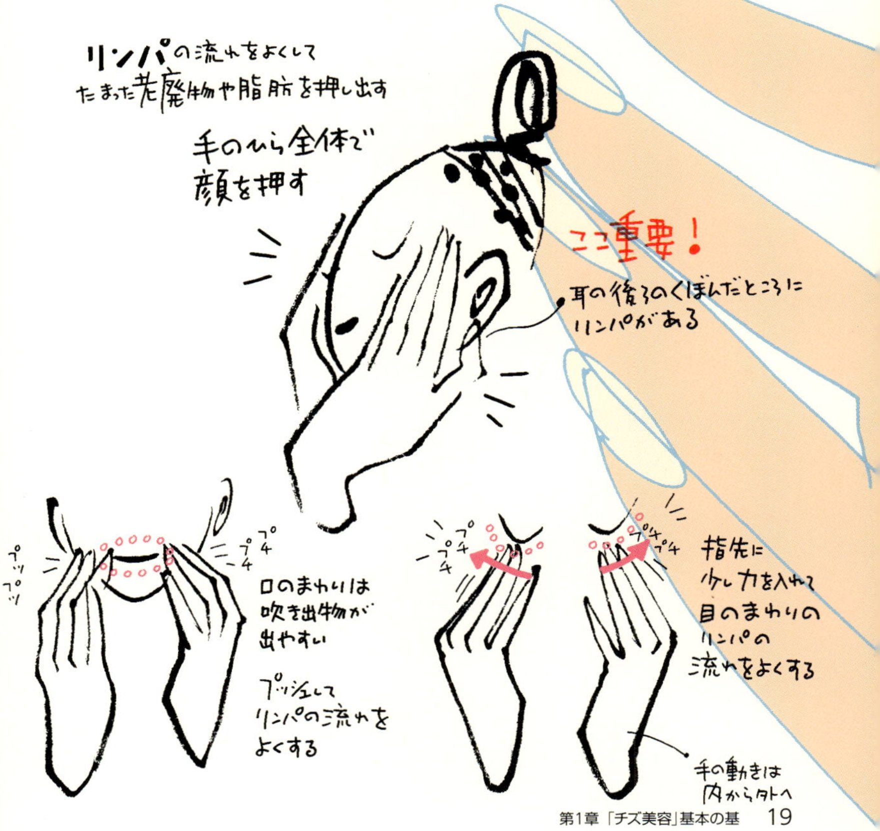

リンパの流れをよくして
たまった老廃物や脂肪を押し出す
手のひら全体で
顔を押す
ここ重要！
耳の後ろのくぼんだところに
リンパがある
プッ プッ
プチ プチ
口のまわりは
吹き出物が
出やすい
プッシュして
リンパの流れを
よくする
プチ プチ
プチ プチ
指先に
少し力を入れて
目のまわりの
リンパの
流れをよくする
手の動きは
内から外へ

ハンドテクニック

ピック《つまむ》&リフト《テク!》

シワの流れと反対方向に、つまんでほぐして引き上げる。
地味なお手入れも、毎日続ければ、
シワの寄り方がまったくちがってくる!

最強
シワ対策!

眉間のシワ

眉間の縦ジワは
シワが見えなくなる方向に
筋肉をつまみほぐしてから
シワ全体を外にひっぱる

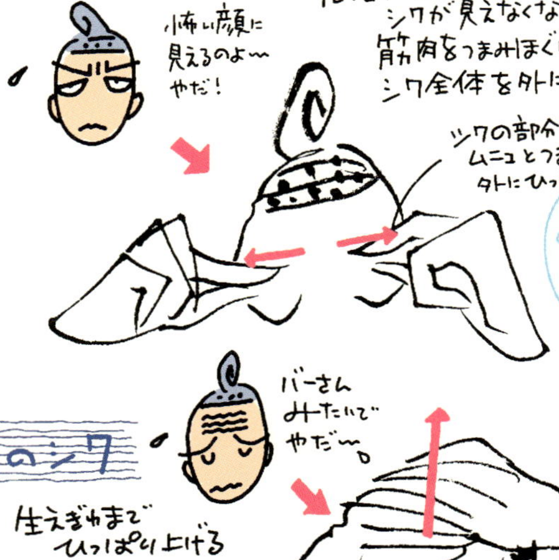
怖い顔に
見えるのよ〜
やだ!
シワの部分を
ムニュとつまんで
外にひっぱる

額のシワ

生えぎわまで
ひっぱり上げる

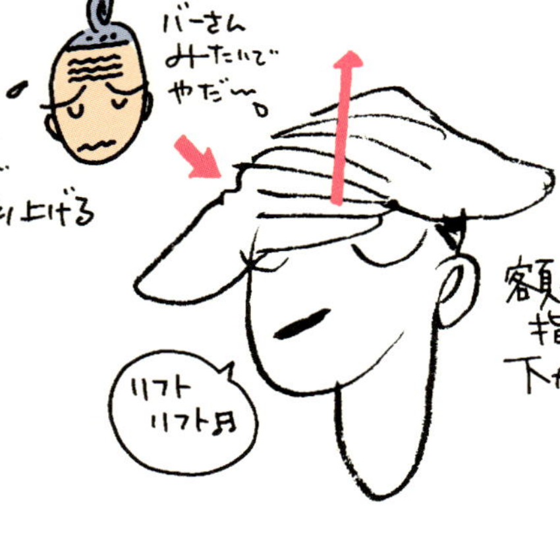
バーさん
みたいで
やだ〜。
リフト
リフト♪

額の皮膚のたるみは
指の腹を使って
下から上へ引き上げる

基本の基

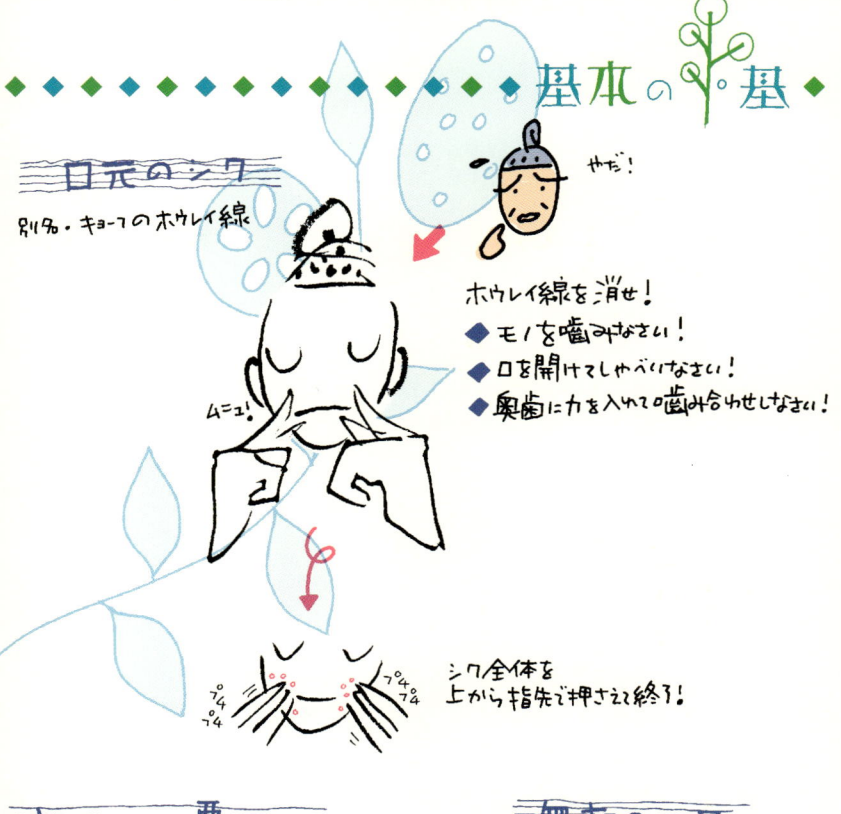

口元のシワ

別名・キョーフのホウレイ線

ホウレイ線を消せ！

◆モノを噛みなさい！

◆口を開けてしゃべりなさい！

◆奥歯に力を入れて噛み合わせしなさい！

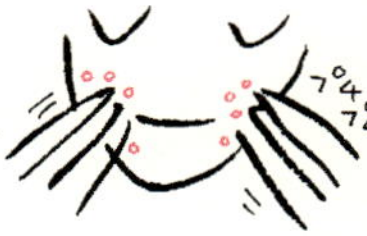

シワ全体を
上から指先で押さえて終了！

良いシワと悪いシワ

横ジワは
人を幸せに見せ

縦ジワは
人を不幸に見せる

いい年齢の重ね方をした人は
シワさえも勲章にする
性格や生き方がシワになるのよ！

無想のシワ

眠っている間の
無意識のシワ

本人は自覚がない！

寝る前の意識をゆったりと！
寝る前にイヤなことは考えるな！

基本の基

ハンドテクニック

ポンポン♪ ピアノタッチ ♪♪

デリケートな目のまわりのお手入れは、
力を入れないのが鉄則。ピアノの鍵盤をたたく要領で
軽く刺激を与えて、代謝を高めましょう。

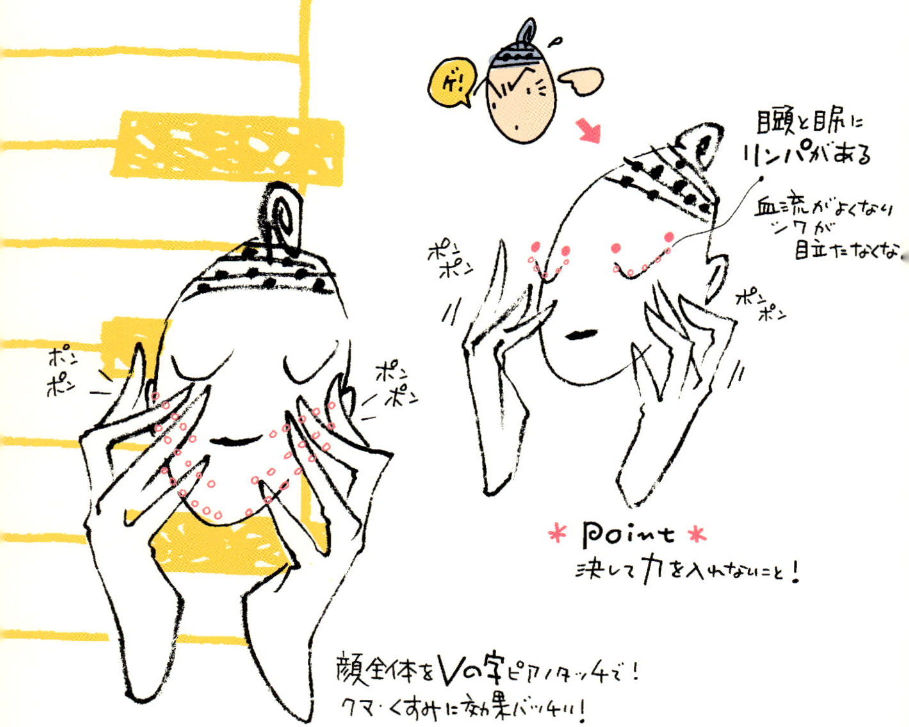
ゲ!
目頭と目尻にリンパがある
血流がよくなりシワが目立たなくな
ポンポン
ポンポン
ポンポン
ポンポン
＊ point ＊
決して力を入れないこと！
顔全体をVの字ピアノタッチで！
クマ・くすみに効果バッチリ！

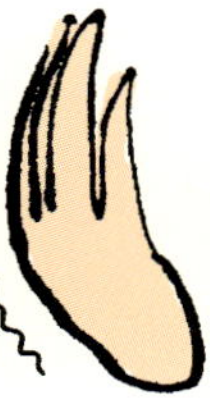

ハンドテクニック

シェイク

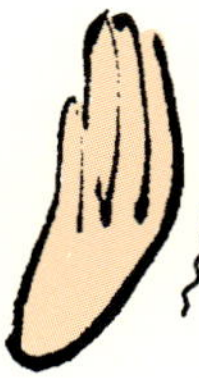

体や心がカチカチでは、肌もきれいになりません。
手の振動で血液やリンパの流れをうながして、
心身をリラックスさせてくれるのがコレ。

手のひらで肌に圧力をかけながら
前後左右にゆらす
・血行やリンパの流れが・
よくなるわよ〜

こめかみの横に
手のひらをおきシェイク
気持ちいい〜♪
前後にゆらして
シェイク
リンパの流れが
よくなるよ!

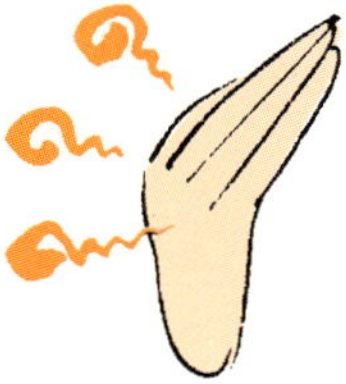

ハンドテクニック プレス

顔全体を手で押さえれば、
体温+湿気のスチームアイロン効果で、化粧品がしっかり浸透。
リンパを押せば、むくみやたるみのケアに。

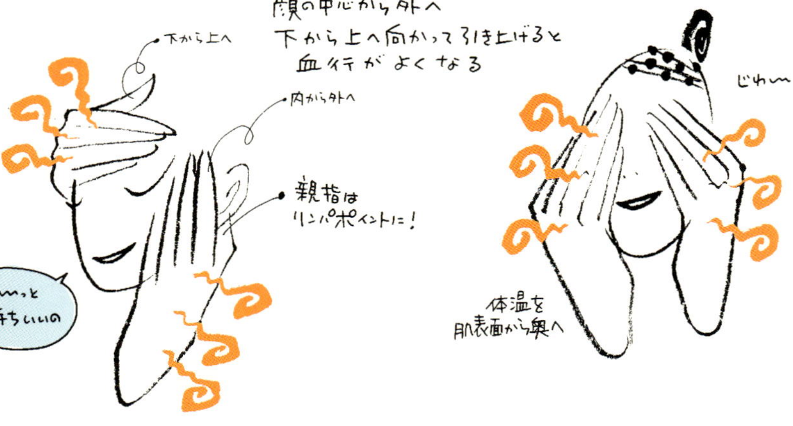

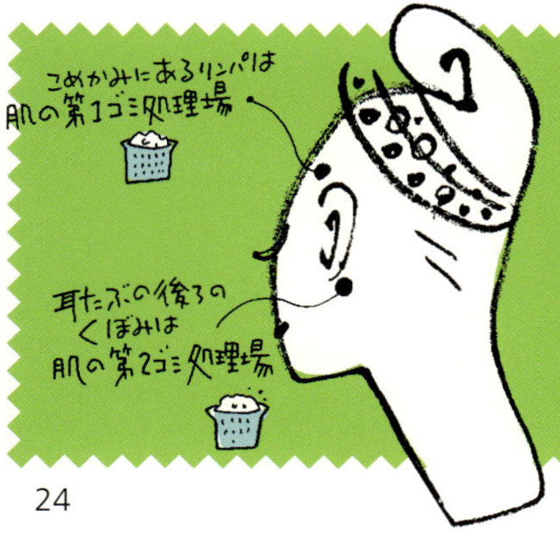

リンパは肌のゴミ処理場

耳のつけ根のくぼみ（耳下腺）とこめかみには、リンパの流れをよくするためのリンパ節があります。ここを指先でプレスすることで老廃物が押し流されて、お肌がきれいになります。お手入れ前にやってみて！

基本の基

とりあえず
やっとけ!
福

・圧とプレスを肌が一番よろこぶ・
・肌の福袋ポーズ・

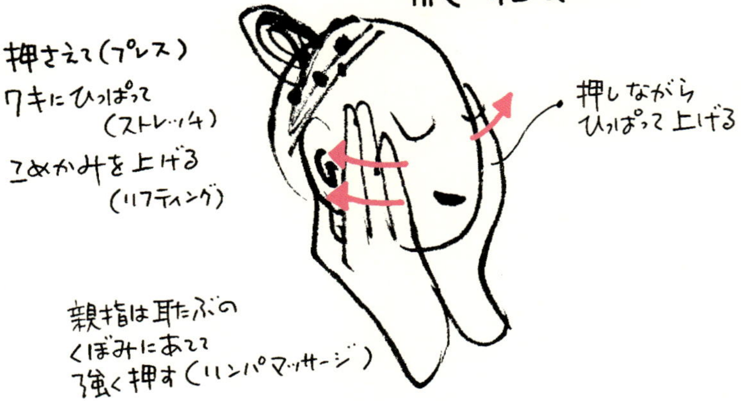
押さえて(プレス)
ワキにひっぱって
(ストレッチ)
こめかみを上げる
(リフティング)
押しながら
ひっぱって上げる
親指は耳たぶの
くぼみにあてて
強く押す(リンパマッサージ)

いつでもどこでも、プレスでマッサージ

手のひらのぬくもりを伝える気持ちで顔をおおったり、老廃物を押し出すためにリンパ節を押す。こんな単純な動きでお肌はきれいになるんですよ。移動時間やひまな時の習慣にすることをおすすめします。

電車の中でも

テレビを観ながら

チズは
ひまがあると
リンパをプッシュ
気持ち
いいのよね〜
?
ザッパーY子
いつもあのポーズなので
私の話が
つまんないのかと…
そーゆーことだったのね!

チズの肌体操

ホウレイ線体操

♫タテタテ ヨコヨコ 丸描いて チョン！♫

タッ
テト
タナ

ホウレイ線をつまむ
♫タテタテ
ホウレイ線を外に伸ばす
♫ヨコヨコ
ホウレイ線をなぞりながらくるっとマッサージ
♫丸描いて
口角を持ち上げてニコッ♫
チョン！

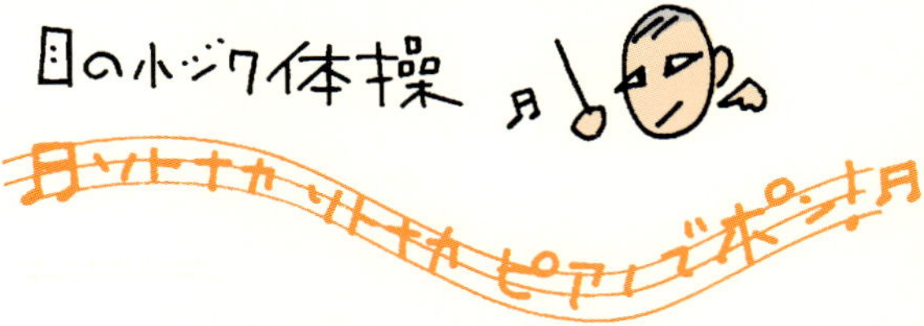
目の小ジワ体操
♪ソトナカ ソトナカ ピアノでポン!♪

さあ、歌いながら、
シワとりしてみてね!
シワはクセだから、
毎日やれば必ず消える!

コ ヨ コ 丸 か い て チョン!
ト ナ カ ピ ア ノ で ポン!
外から内へマッサージ
♪ソトナカ
外から内へマッサージ
♪ソトナカ
目の下をピアノタッチマッサージ
♪ピアノで
こめかみをポン!
♪ポン!

チズチズの超ロハスな日々

“チズ流”でモノを生かす

「モノにも命がある」おじいちゃん、おばあちゃんにそういわれて育ったから、モノを捨てる前に必ず、「もう使い道はないか?」と考えるようにしているの。また、ひと組で数十円の軍手は、ボディケアに大活躍! 友達にも“おすそわけ”して、喜ばれてマス。

住んでいるところは
億ションでも
暮らし方は
「もったいない」

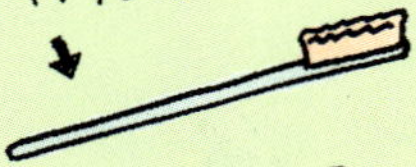
ホテルに備え付けの
ハブラシも

もって帰り
水回りの
そうじをした後

ありがとう
おつかれさん
お礼をいってから
捨てるの
モノには何にでも
力があり、命があるのよ

綿100%の軍手
軍手を手にはめて
石鹸をつければ
背中やかかとも
洗いやすいわよ
おすすめ!

億ションに軍手

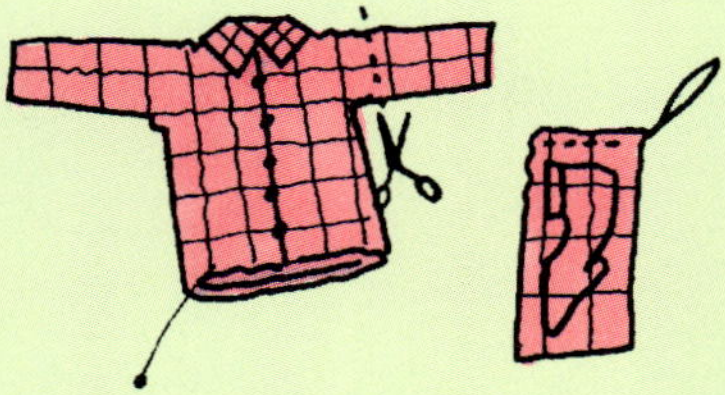
パジャマの袖を切って
靴袋に
他の部分はクルマ拭きに

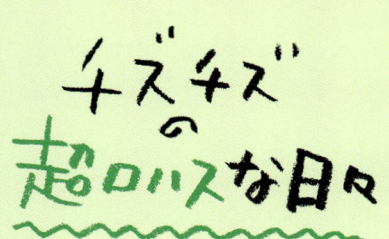

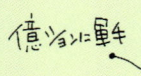

シャワーキャップ 7段活用

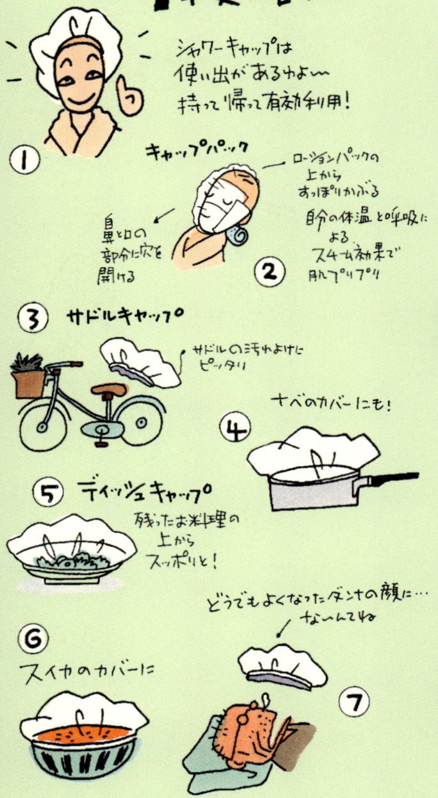

ストックして、顔にもスイカにも！

ホテルに泊まったら、必ず歯ブラシとシャワーキャップをもち帰るの。遠慮しなくていいのよ、もらってくれば。これ、スキンケアはもちろん、キッチンでも、自転車のサドルカバーとしても大活躍。まさに使い方、無限大！ 100円ショップに行けば、かわいい花柄タイプなどもあるわよ。

クレンジング

クレンジング剤の使い方

人肌に温めて汚れを浮かせる

「ぬることよりも、まず落とすこと」これが私の考えです。汚れた肌にいくら高価な化粧品をつけてもムダ。肌の奥まで入っていかないわよ。クレンジング剤を手で温めたら、汚れを浮かすつもりで、内から外へやさしくマッサージ。凸凹の多い“鼻まわり”は特に念入りに!

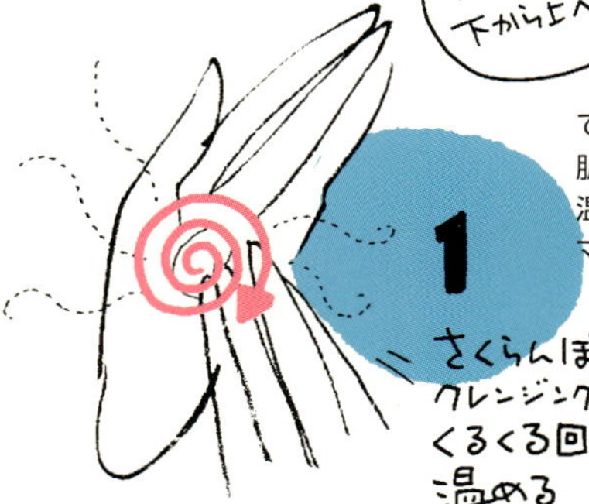

1
さくらんぼ大の
クレンジング剤を手にとり
くるくる回しながら
温める

2
5点に
クレンジング剤を
のせ

3
アゴの中心から
耳たぶへ
「幸せのV!」の
V字ぬりで

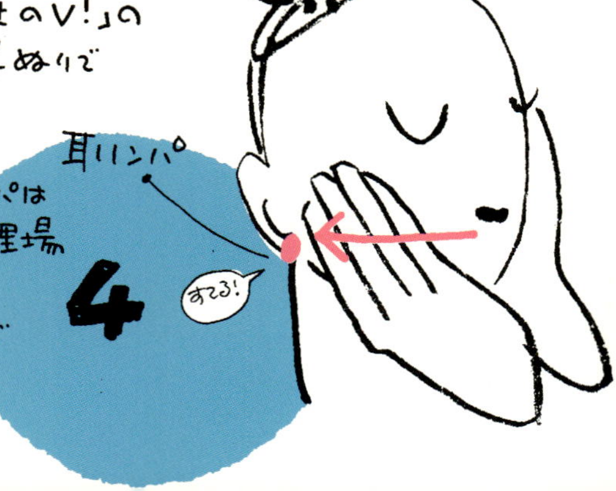

4
耳たぶの後ろのリンパは
肌の第2のゴミ処理場
このくぼみに
汚れを捨てるつもりで
手を動かす

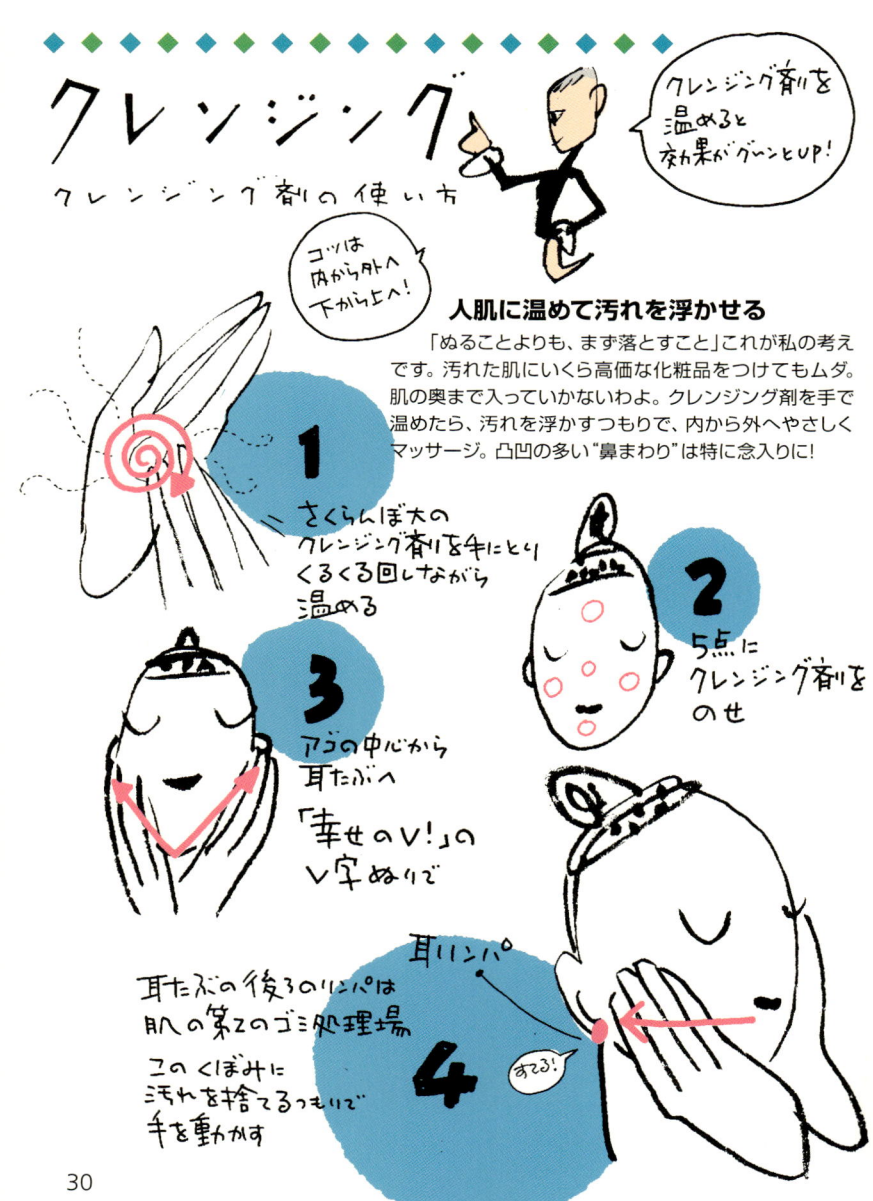

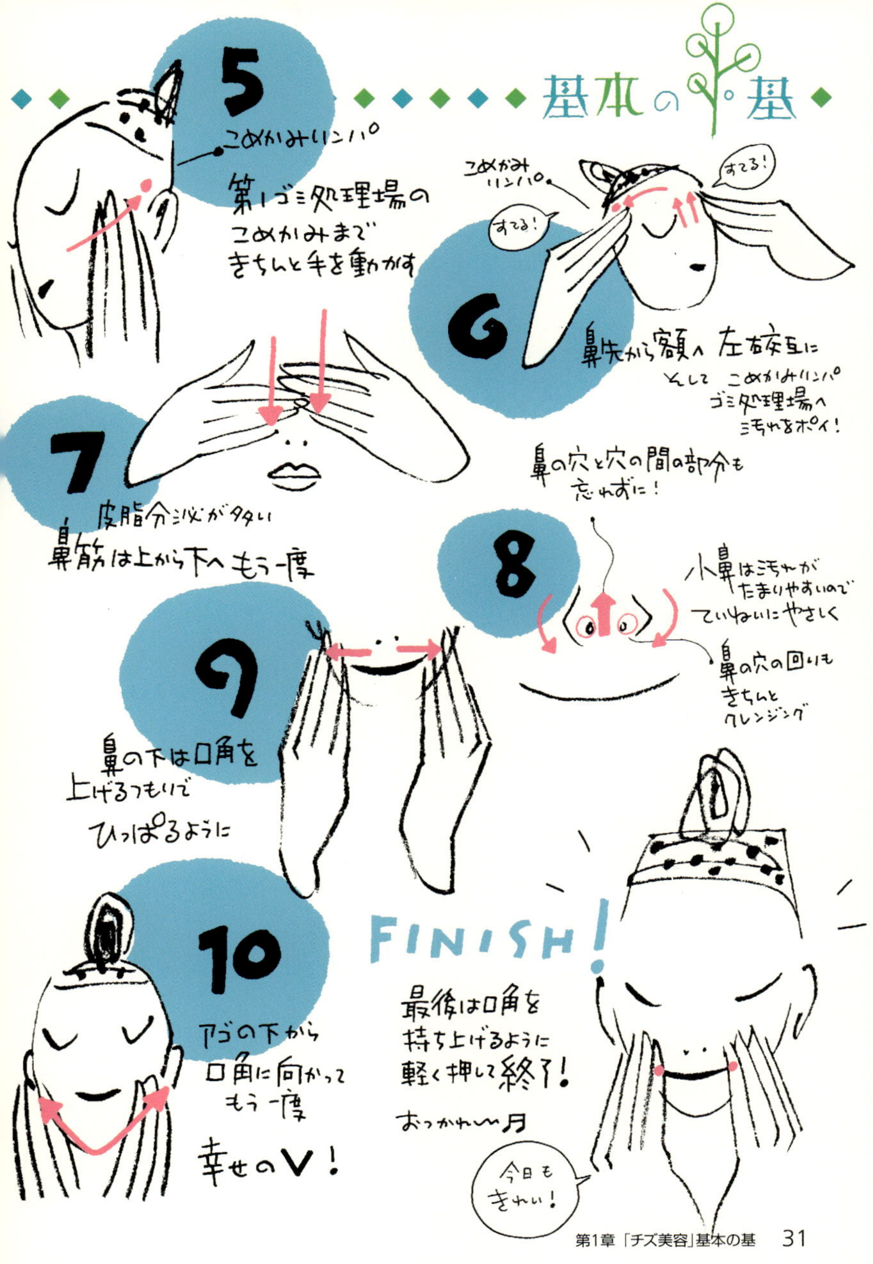
基本の基
5
こめかみリンパ
第1ゴミ処理場の
こめかみまで
きちんと手を動かす
こめかみリンパ
すてる!
すてる!
6
鼻先から額へ 左右交互に
そして こめかみリンパ
ゴミ処理場へ
汚れをポイ!
7
皮脂分泌が多い
鼻筋は上から下へもう一度
鼻の穴と穴の間の部分も
忘れずに!
8
小鼻は汚れが
たまりやすいので
ていねいにやさしく
鼻の穴の回りも
きちんと
クレンジング
9
鼻の下は口角を
上げるつもりで
ひっぱるように
10
アゴの下から
口角に向かって
もう一度
幸せのV!
FINISH!
最後は口角を
持ち上げるように
軽く押して終了!
おつかれ〜〜月
今日も
きれい!

アイメイククレンジング

1 ぬらしたコットンにリムーバーを
しみこませて
コットンを4枚に
裂く

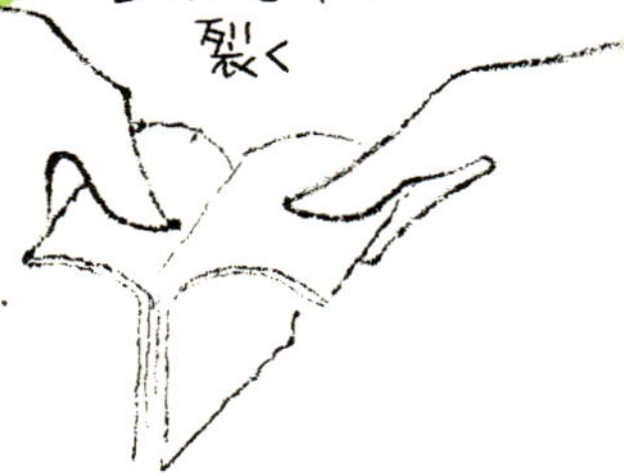

2 コットンを貼ることで
目の下が
汚れない

三角形に
折りまげて
下まぶたに

三角形に折った
別のカット綿を指にはさみ
コロコロ上下に
動かしてメイクをなじませる

3

という人は
直接綿棒で
汚れを
とってもOK!

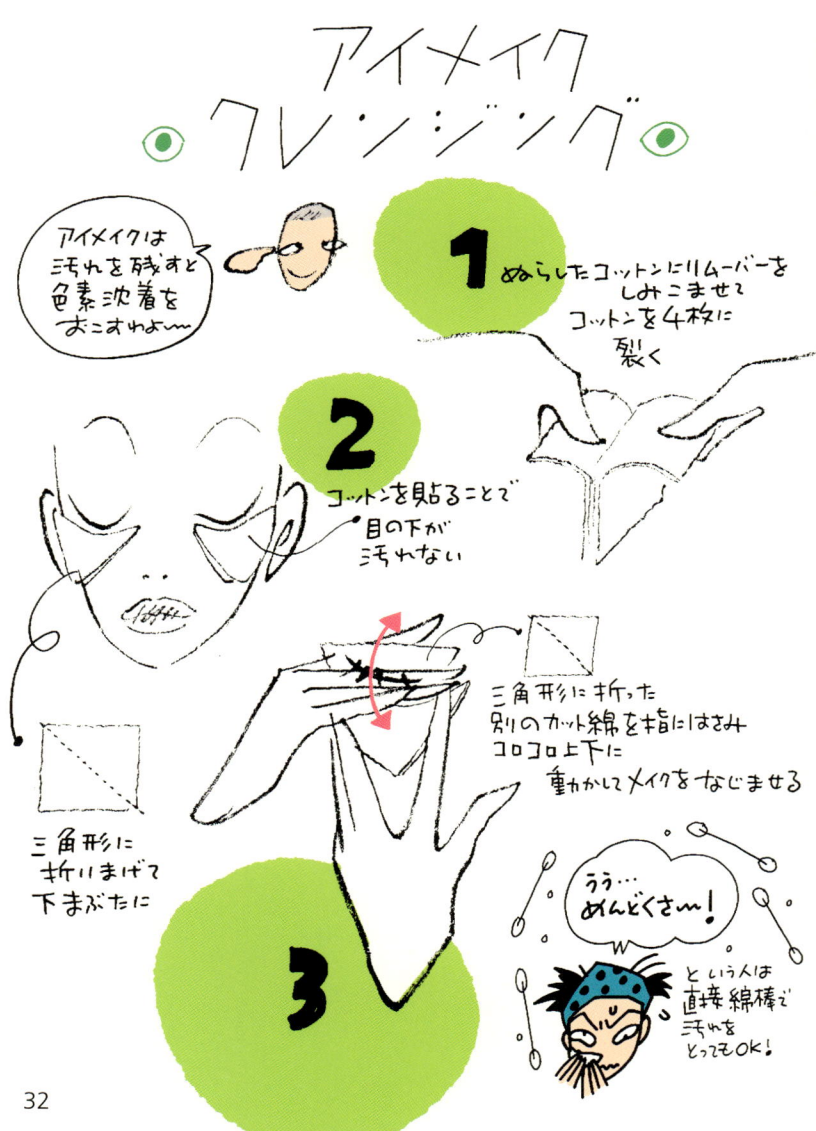

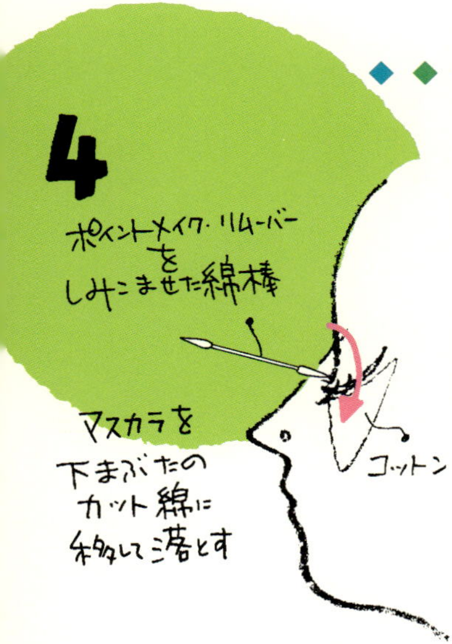
4
ポイントメイク・リムーバーをしみこませた綿棒
マスカラを下まぶたのカット綿に移して落とす
コットン

甘くみると“目元ブス”に！

クレンジングの中でも、もっとも気合を入れてほしいのが目元。アイシャドウやマスカラの色素が肌に残ると、くすみやシワになりやすいの。専用リムーバーとコットン、綿棒を使って、カンペキに落として。ただし、決して力は入れないでね。

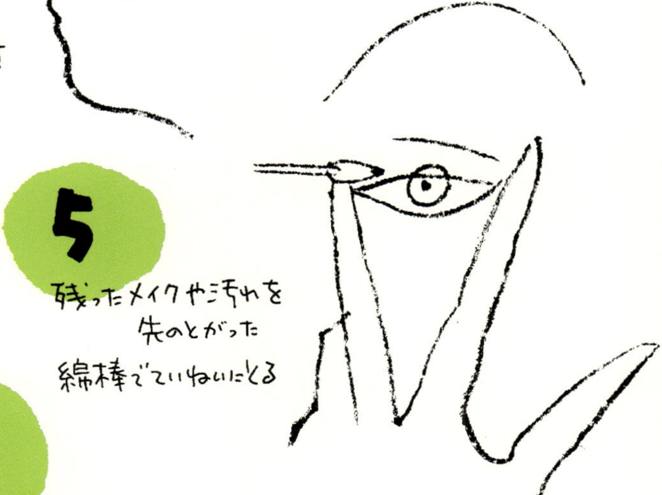
5
残ったメイクや汚れを先のとがった綿棒でていねいにとる

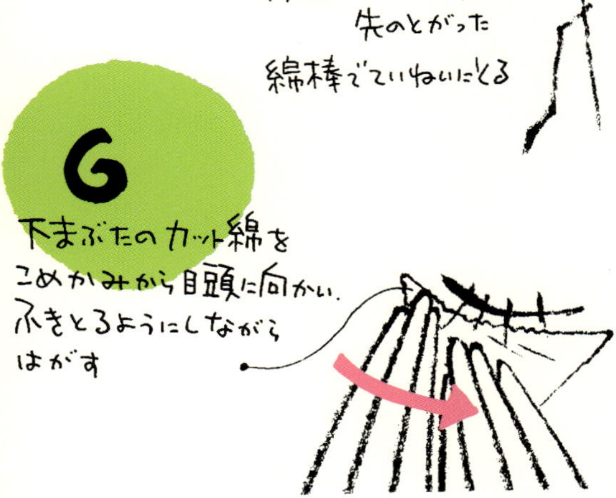
6
下まぶたのカット綿をこめかみから目頭に向かい、ふきとるようにしながらはがす

ぬり方

クリームも乳液も美容液も
ファンデーションも
ぬり方はすべてコレ!

上がれ〜! と唱えながらマッサージぬり

美容液やクリームは、「上がれ!」「入ってけ!」と唱えつつ、マッサージしながらぬり込んでいく。皮膚が薄くてよれやすい目元は、必ず片方の手で目尻を固定しながら、指先でていねいに化粧品を入れ込みます。

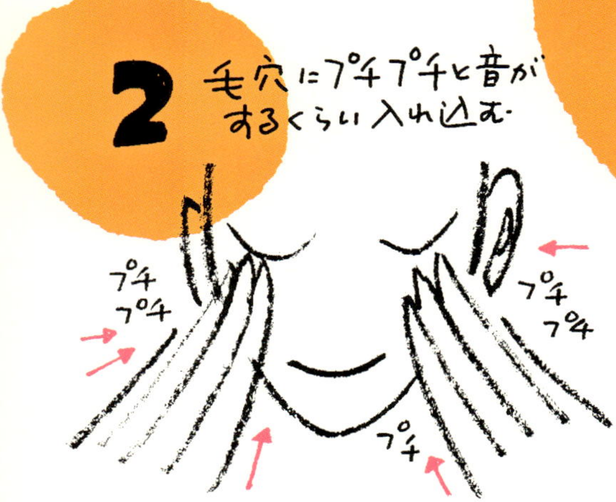

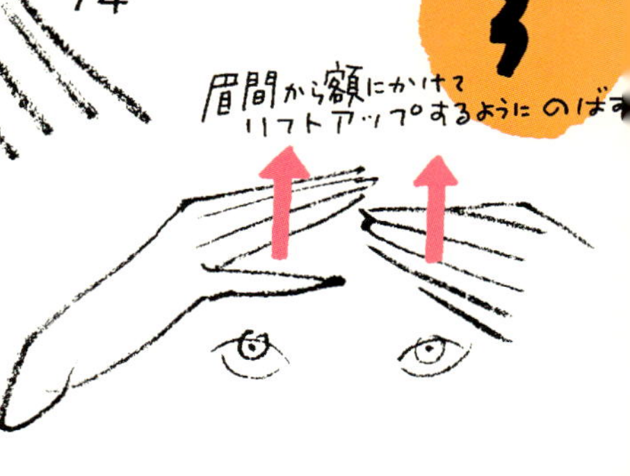

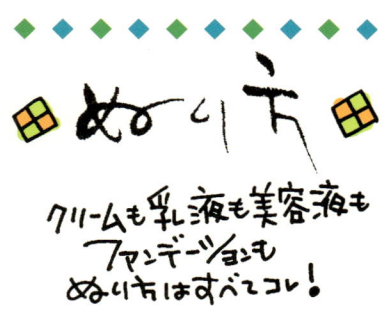

4 額の横ジワはひっぱってのばすつもりでプッシング

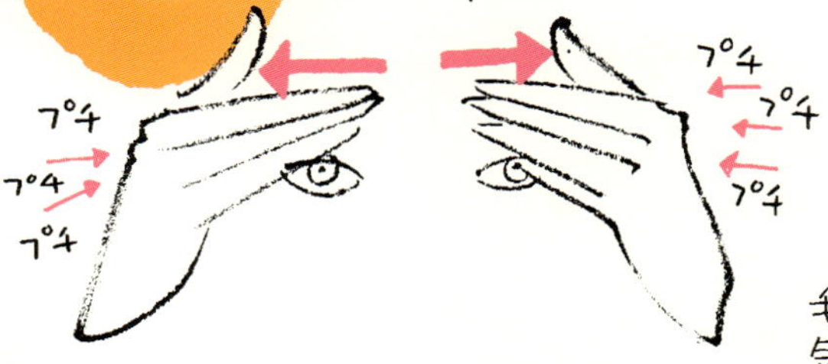
プチ
プチ
プチ
プチ
プチ
プチ

5 化粧くずれしやすいのが口元 しっかり プッシングして毛穴に入れ込む

プチ
プチ
プチ
プチ

6 毛穴や脂浮きが気になる鼻のまわりもプッシングで音がするくらいに入れ込む

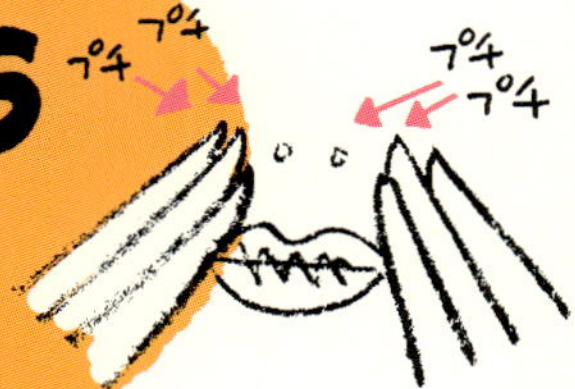
プチ
プチ
プチ
プチ

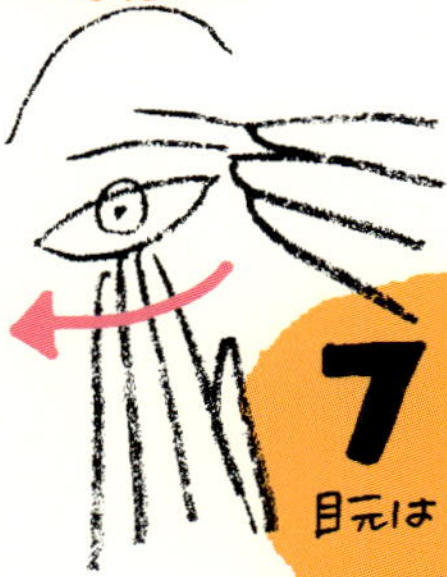

7 目元は片方の手でこめかみを外にひきつつ、目尻から目頭に向かってストレッチ

Finish

手のひらでプレスしながら顔を包み込み体温で肌になじませる

◆基本の基◆

たかが綿棒 されど綿棒

COTTON SWABS

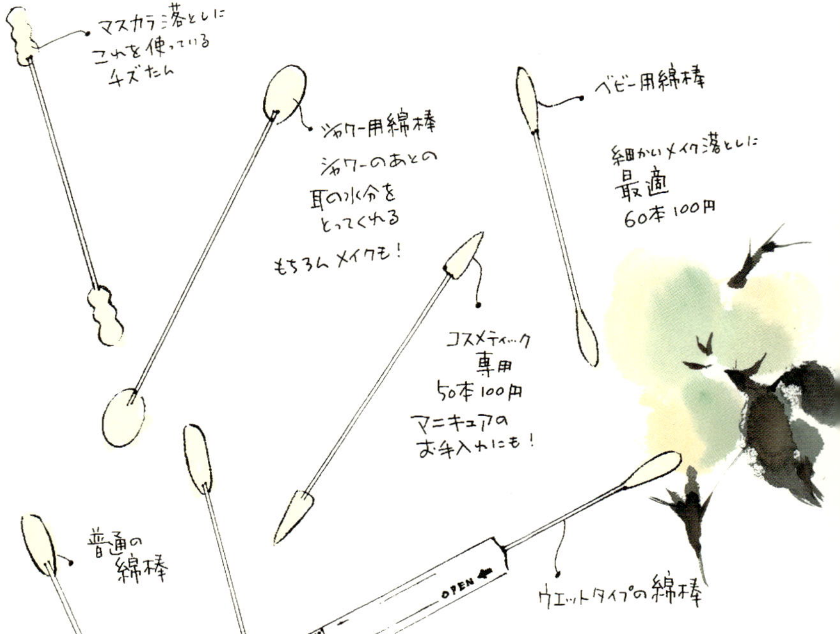
マスカラ落としに
これを使っている
チズたん
シャワー用綿棒
シャワーのあとの
耳の水分を
とってくれる
もちろん メイクも！
ベビー用綿棒
細かいメイク落としに
最適
60本 100円
コスメティック
専用
50本 100円
マニキュアの
お手入れにも！
OPEN
ウエットタイプの綿棒

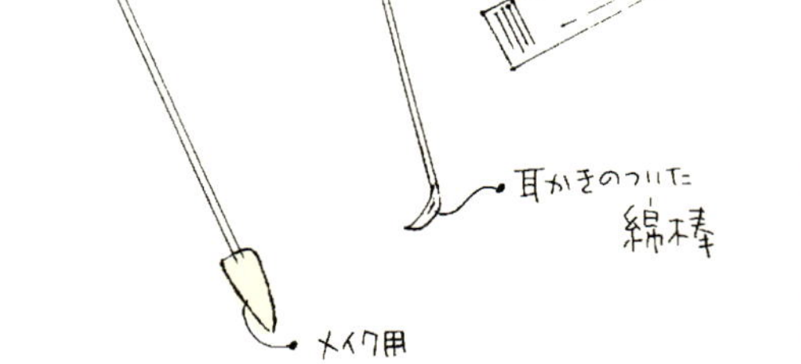
普通の
綿棒
耳かきのついた
綿棒
メイク用

小さいけれど、力もち

「佐伯式ケア」に、多くの道具はいらないけれど、必ずもっていてほしいのが綿棒。クレンジング、メイク、涙ふき……あらゆるシーンで活躍するから、ぜひポーチにも。私もいろんなタイプをそろえて、楽しみながら使っているのよ。

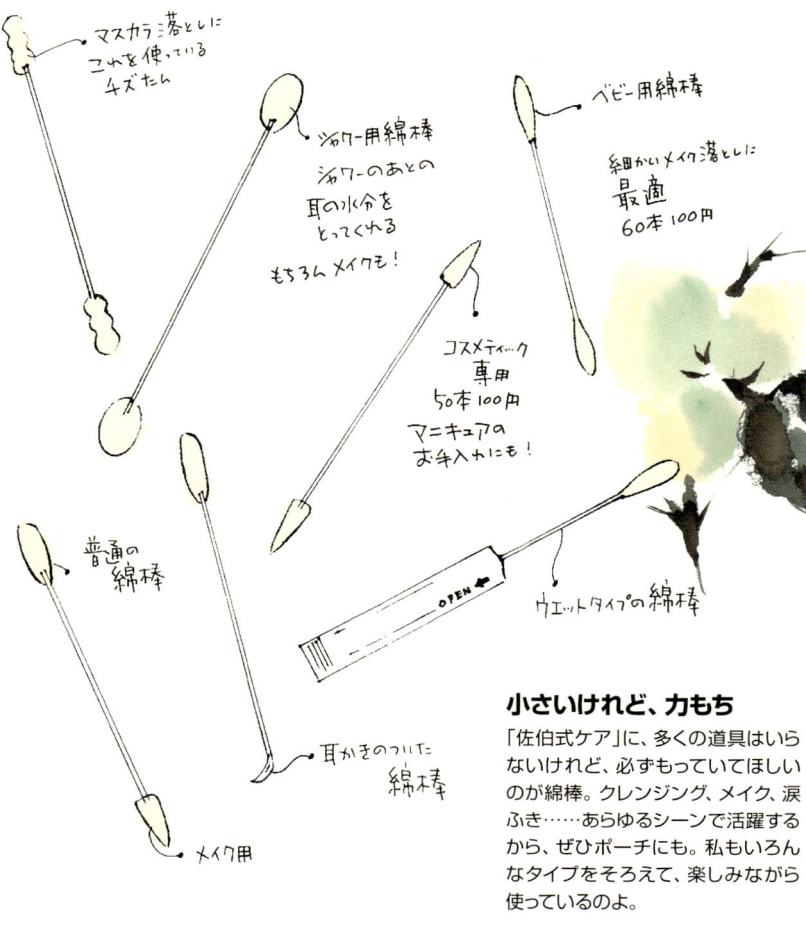

正しい分量ってどうやって計るの？目安は？

種類	1回の使用量	量の目安
化粧水	500円玉サイズ	1ヵ月に1本
クレンジング	さくらんぼサイズ	1ヵ月に1本～1.5本 1ヵ月で使い切れないなら肌に力を加えているか、使用量が少ない証拠
ネッククリーム	パールサイズ	3ヵ月でなくなるのなら正しい使用量
アイクリーム	米粒サイズ	容器はそれぞれだけどポチッとでいいのよ

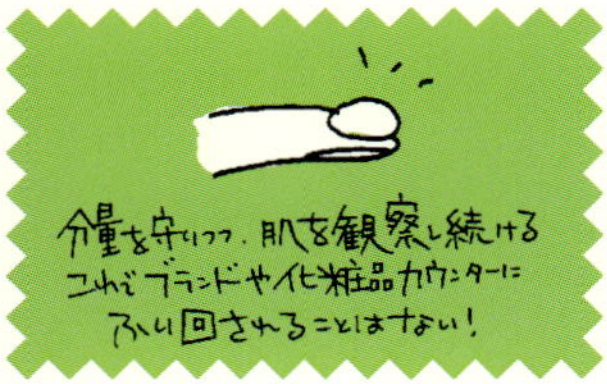
分量を守りつつ、肌を観察し続ける
これでブランドや化粧品カウンターに
ふり回されることはない！

ケチらない、出しすぎない

「クレンジング剤は、1回にどれぐらい使えばいいですか？」こんな質問をよく受けます。これが分量の目安ですが、メーカーによって若干異なる場合も。化粧品の使用量は、各メーカーでデータをとって決めているので、量だけはしっかり守ったほうがいいわね。

時間がかかっても効果は必ず出る!
根気よく!気長に!

シミは必ず対称的に出る
右に出れば
時間差で左にも…

シミが なんぼの もんじゃい!

なつかしの 誤爆パック

きゅうり
パック
レモン
パック

美容伝説ホラー版でか〜
なつかしくもあるけど…

その昔、お母さんが顔じゅうにレモンやきゅうりを貼り付けていたの、見たことありませんか? あれは「やったら危険!」パックです。レモンやきゅうりは食べるもの。反対にシミになったりかぶれたりします!

美白パックって何?

ダメ!
こういうのでいいの?
シート状パック
これは美容液系、水分補給系

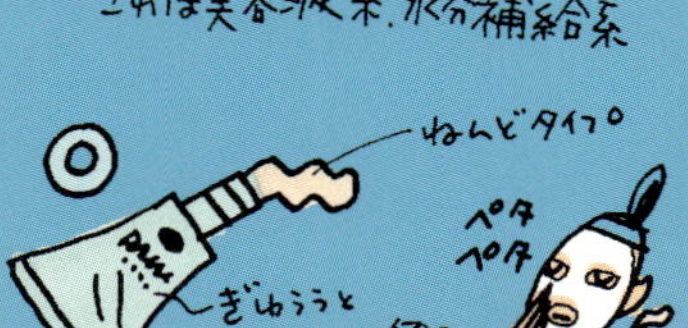
ねんどタイプ
ぎゅううと
押し出して使う
パック
ペタ
ペタ

一般的な美白用パック剤はクレイ状(ねんどみたい)になっています。顔の形に切り取られたシート状のものは水分補給をするためのもの。おまけに1枚1000円くらいして、値段もはります!

パックで吸い上げてキャッチ

シミができたからって、「この世の終わりだ～」なんて思わないこと！ だって、シミは消せるもの。ただし、それには“根気”が必要よ。シミは大きく分けると、薄くて浅いシミ、濃くて深いシミの2タイプ。タイプ別の“佐伯式美白パック”をお教えします。

薄いシミには
美白2段パック

1
ローションパック

ローションパックで肌の表面を整える。ここで肌を“ゆるめて”あげることで、シミのもとであるメラニン色素をキャッチしやすくなる。

2
美白効果のあるクレイパックを

美白パックでメラニン色素を吸い上げる。顔全体にぬっても、シミの箇所に「部分づけ」してもOK！ ラップをかぶせれば効果倍増。

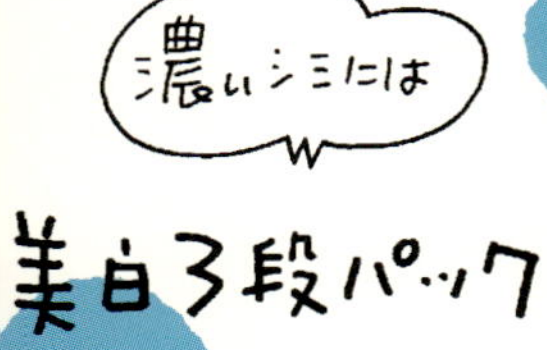

濃いシミには
美白3段パック

1
ローションパック

美白2段パックと同様に、ローションパックで肌表面を整える。肌にたっぷりと水分を与えることで、次の化粧品がスムーズに入る。

2
美白パック

濃いシミの場合は、肌の深い部分からのケアが肝心。まずは、美白効果のあるパック剤で、メラニン色素を肌表面まで吸い上げること。

水で湿らせたコットンにビタミンC誘導体入りの美容液を含ませシミの部分に貼る

3

水でぬらしたコットンに、ビタミンC誘導体入りの美容液を含ませてシミ部分に貼る。これで肌表面のメラニン色素をキャッチ。さらに効果を出したいときは、その上にラップを。

上からラップを！

温ケア

ゆるめてほぐして、肌機能を活性化

「温ケア」とは、肌全体を温めてゆるめることで、
血行やリンパの流れをよくするお手入れ。
エアコンで手足が冷えたときや、冬の外出のあとなどにぜひ。
バスルームでやれば、リラックス効果がアップして、
お肌はバラ色に。

クレラップ
ぬらしたタオルをラップに包み
レンジで30秒!
ウウ…
気持ちいい
耳までおおう
ホ〜ッ
ラップで包むと
冷めない

フランスでは市販されている
美肌ミトンの作り方
古いタオルなどでOK!
ここもザクザク
ぬらしてしぼって
レンジで30秒!
顔にピタ! 肩にもピタ!
左手ミトン
右手ミトン
布を2つ折りにして
まわりをザクザクと縫う
うらがえして使う

冷ケア

肌奥を開いて毛穴を締める、鎮静のケア

肌表面を鎮静させて、肌の奥を開いてくれるのが「冷ケア」。
温ケアで肌をゆるめたあとに冷ケアをすると、
化粧品がぐんぐんと奥まで入り、毛穴も締まってツル肌に。
朝のメイク前にやれば、化粧くずれの心配なし。
スポーツ後の、ほてった肌を鎮めるのにもGood!

吸収率が
よくなる！
老廃物が
流れやすくなる！
チズたん
温ケア、冷ケアって
どういう効果が
あるの？
新陳代謝を
うながす！
いいこと
いっぱい！
保冷剤にヒヤ〜
氷をラップに
包んで
コロコロ
ヒヤ〜
保冷剤は
アイスクリームなどを
買った時についてくるやつを
とっておけば タダ!!
♪
この氷は、
ゼリーや水ようかん
などの
空き容器に水を入れて
大きめの氷を
作っておきます
これもタダ♬
顔の粗熱を
とってくれる
コールドタオル
気持ち
いい〜♬
冷蔵庫にコールドタオル
を
常備！
耳までおおう

実録！ ←本当にあった怖い話…

担ザッパーY子のテンプラ日記

（意味不明…でもない）

カッカッカ！
チズ担当
ザッパーY子
おおざっぱなアメリカで
青春時代をおくったせいか、
とにかくおおざっぱ
チズの本の問い合わせを
すると、彼女が電話に出る
ゴーカイな割れ鍋笑いが聞けるので、
落ちこんだら電話してみよう
（質問、疑問ぐらいは用意せえよ）

◆ザッパーとチズ◆

どーも担当です
人か熊か？メスかオスか？
トリプル洗顔！
どんなもんだい！
ものすごいテンプラ顔！
ダイエット！ローションパック洗顔のしすぎ！
ポカーン
半年後見事に変身！
オトコもひとつよろしく…
自力でやれ！

トリプル洗顔はテンプラの元！

とりゃあ〜！

しかもオトコ洗い
お風呂に入るたびに
3度も顔を洗っていた
ザッパーY子

きれいな肌には凹凸がある

「きれいな肌＝平らな肌」だとみなさん思ってるかもしれないけど、それは大まちがい！　皮膚には凹凸があって、その間の溝で皮脂腺から出る“脂”と汗腺から出る“汗”が混ざって、天然のクリームをつくるの。顔の洗いすぎやオイルクレンジング、ピーリングなどは、これらの機能を妨げてしまう。だから私はそれらを「おやめなさい」というのよ。

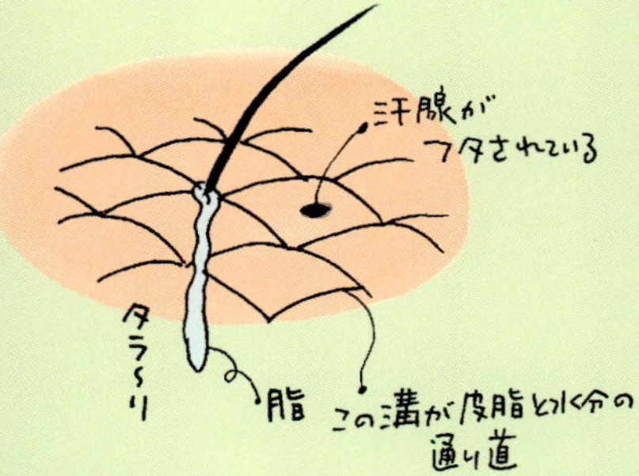
汗腺が
フタされている
タラ~リ
脂
この溝が皮脂と水分の
通り道

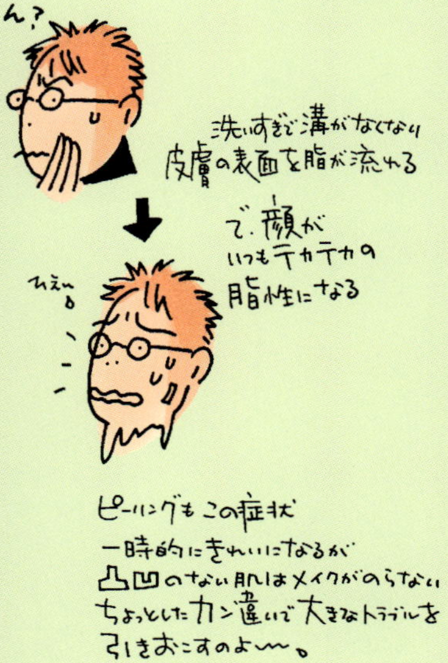
ん?
洗いすぎで溝がなくなり
皮膚の表面を脂が流れる
で、顔が
いつもテカテカの
脂性になる
ひえ~。
ピーリングも この症状
一時的にきれいになるが
凸凹のない肌はメイクがのらない
ちょっとしたカン違いで大きなトラブルを
引きおこすのよ~~。

カリスマおばちゃん
チズ
かまへん かまへん
150万部売れた
単行本
チズの
名前は
全国に
知れわたった
佐伯でございます
しかし今でも
毎日
エステの
現場
に立つ
チズは
あんまり
自覚がない
新幹線では…
先生が奥!
いやや
おしっこ
近い
もん
やめて!
チズは大阪の
おばちゃんなので
ある

後日談……

改心したザッパーY子は、いまでは朝晩のローションパックは当たり前、「5年前より若返った!」と友人からほめられ、さらにヤル気を出しているわ。人間、素直でなきゃ、ね!

佐伯チズ物語 PART 1

ちーちゃんでーす

なんか
テレるか

子供時代～最愛の人の死

おじいちゃんに「手」の大切さを学んだ子供時代。そして、おませな女学生を経てメーカーに就職。職場で知り合ったイケメンと24歳で結婚後、フランスの化粧品メーカー、ゲランへ。美の真髄を叩き込まれる。仕事も家庭も充実していた矢先に、最愛の人の死という人生最大の悲劇が……。チズ42歳のことであった。(P80に続く)

こうやって毎日ご飯を食べさせてもらえるのもこの手足のおかげじゃよ
ありがとうございました
フーン
チズ子供時代

チズ18歳
ハイ.ミノルタです
どんくさい制服だわ〜
20歳.美容に目覚めたチズは東京へ!
東京じゃ〜
牛山美容文化学園に入学
このころからチズのファンがいた!
あなたのマッサージ.いいわあ〜
銀座松屋の牛山喜久子美容室に勤務
与えられた環境でつねにNO.1をめざしたチズ
面くいだったチズ
マッチョタイプの美形だった
24歳
大阪に戻り結婚
ゲラン入社
42歳
夫がガンで他界
3年間泣き暮した
運転はうまいわよ!
28歳
カリフォルニアで暮らす
あなたあ〜〜!!
肌ボロボロ
肌地獄を体験する

第2章
チズのダメ出し！ 15連発

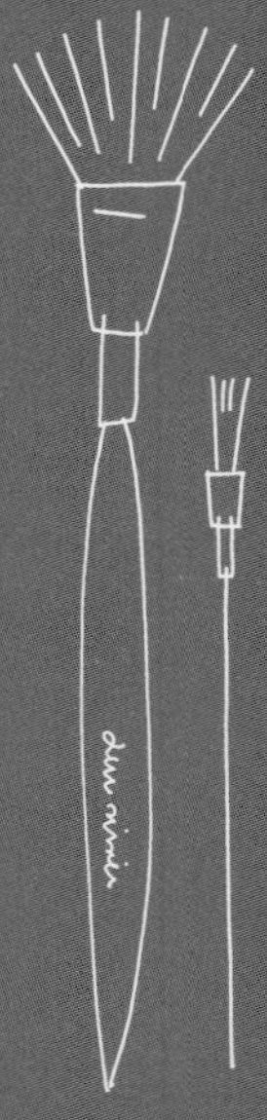

いらない化粧品は買わなくていい！
整形やピーリングをしてはダメ！
知らず知らずのうちにみんながやっている
「ダメ出し」美容法オンパレード！

チズのダメ出し!

1 恐怖のラメ入り化粧品

きちんと落とさないとツワシワガサガサの元!
ラメは金属! それを忘れないで!

ラメはひと粒残さず落としなさい

キラキラのおしゃれ、大いにけっこう。でもラメ入り化粧品は、肌負担がとっても大きいの。だから、クレンジングのときに、ひと粒残らず取り去ること! ラメ入りのマニキュアも同じ理由で、1週間もつけっぱなしにしてちゃダメ。なるべく早く、質のいいリムーバーで落としてあげてね。

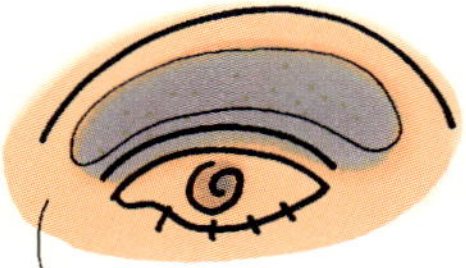

アイシャドウにも多く含まれている
これをよく落とさないと
水分をうばって大きな負担がかかり、
肌が呼吸困難になる

アイシャドウ・マニキュアに多く使われている
ラメ
チタンや亜鉛 マイカ(メタル)など
金属製の物質が
使われている

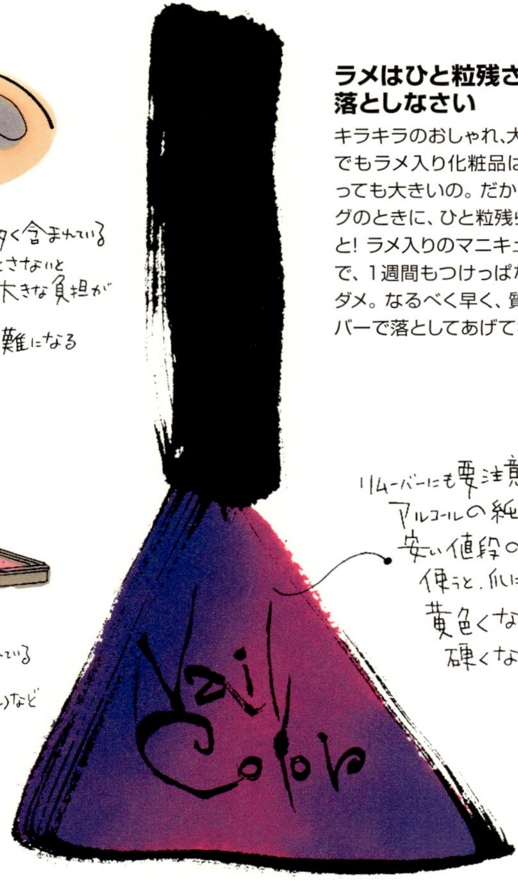
Nail Color

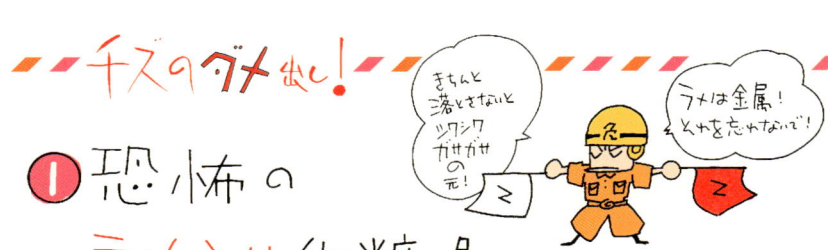

リムーバーにも要注意!
アルコールの純度が低い
安い値段のリムーバーを
使うと、爪に線が入ったり
黄色くなったり
硬くなるのよ

② オイルクレンジング大反対!

まだオイルで落としてるの?

「1本でメイク汚れが丸ごと落ちる!」その手軽さに飛びついて、みごとに肌を汚くしているのが“オイラー”こと、オイルクレンジング娘たち。肌をギトギトにし、ダブル洗顔に走らせるこのクレンジング法を、私は絶対に認めません!

ずぇったい 反対!
オイラーは やめなさい!

オイラー顔の特徴

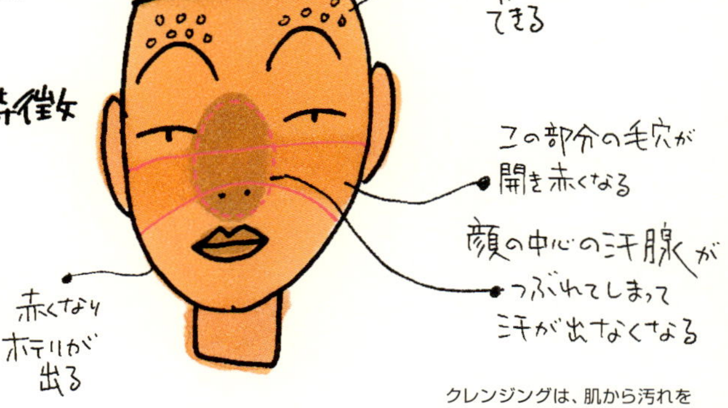
まゆ毛の上に 小さいブツブツが できる
この部分の毛穴が 開き赤くなる
顔の中心の汗腺が つぶれてしまって 汗が出なくなる
赤くなり ホテリが 出る

元に戻すのに 使用年数の 倍かかる!

界面活性剤が 多く入っている オイルクレンジング
水
油
界面活性剤は たんぱく質を とかすのよ!

クレンジングは、肌から汚れを浮かせて取るのが基本。油でこすり落としたら、製剤が汗の出る穴=汗腺をつぶして、脂だけがジトーッと肌をおおうの。気持ちが悪いからさらに洗う→肌が悲鳴を上げて、赤くなったり硬くなったり……。元の肌に戻すには、使った年数の2倍はかかるのです。あぁ、手軽さの代償は大きすぎる!

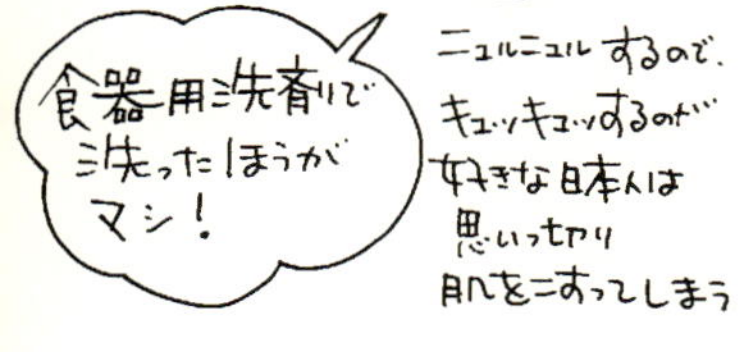
食器用洗剤で 洗ったほうが マシ!
ニュルニュルするので、 キュッキュッするのが 好きな日本人は 思いっ切り 肌をこすってしまう

何度洗っても ベトベト するう。
ダブル洗顔どころか 3度も4度も洗顔料で 顔を洗うハメになる
後遺症はひどい!

チズのダメ出し！

③ 目のまわりは工事現場

カーボンとタール

とれにくい アイメイクの素材

メイクをしたら
同じ時間をかけて
きっちりメイクを落とす！

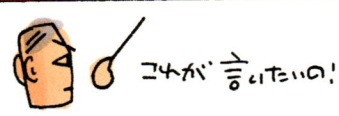

材料はアスファルトと同じ
まっ黒な
アスファルト
ぬり立ての道。これと同じ
きっちり落として！

これが言いたいの！

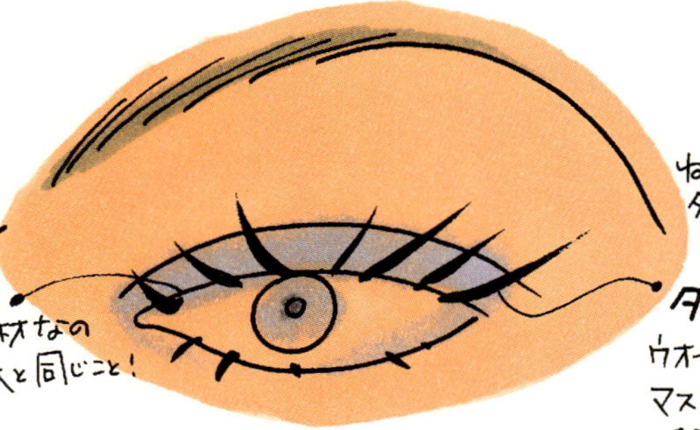

アイライナー
カーボン・タール
これは炭が素材なの
カーボン紙と同じこと！
ねばり気が
多いのよね
タール・カーボン
ウオータープルーフ
マスカラ．アイライナー
ピタリと
くっつくが取れにくい

黒いクマは色素沈着？

今、若い女の子たちの肌の悩みに
「目の下のクマ」という声がよくきかれるが、
それはクマではなく、色素が肌に
ついちゃってる可能性があるのよね

え！？
そうなの？

黒い色素が“クマ”を呼びよせる

マスカラやアイライナー、アイブロウなどに使われる「カーボン」や、化粧品の防腐塗料「タール」は、どちらも原料が炭。肌につくと色素沈着を起こしやすく、クマやくすみの原因に。目の下のクマで悩んでいる人は、もう一度、自分のクレンジングを見直してみて。

デリケートな目元には保護膜を!

顔の中でもダントツで皮膚が薄い目のまわりは、「吸い取り紙」みたいに化粧品をどんどん吸収していくの。だから、金属や顔料を多く含む「色モノ」は、きちんと取らなくちゃ。私はアイシャドウをつける前に、まぶたに下地クリームをたっぷりとぬって、「保護膜」をつくっておくのよ。

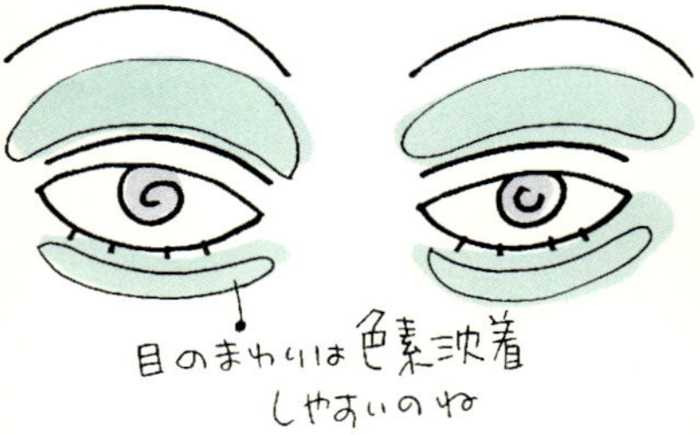
目のまわりは色素沈着しやすいのね

チズもチタンと亜鉛がダメ

チズとドトール
赤っ恥
テレビに雑誌総ナメにしたチズ
佐伯でございます
しかし電車通勤をしているチズはあんまり自覚がない
テレビで見たんよ
ヒソヒソ
ほんまによしやますしっかりしなはれ、なにやそえねまんどないもこないもワヤでんがなボケッとせんと、あきまへんでいったいどないなー
……
すす気や知りまへ
ファンです!
先生がんばってください
ひょえ～。

チズのダメ出し！

④危険な色は黄色と緑

コントロールカラーによく使われるイエローとグリーン
この色は色素が残りやすく、肌のくすみの原因になる
やめときなはれ！

・コントロールカラー・
黄色人種の肌に緑と黄色は×！
体温が加わると、顔料の金属成分が酸化
くすんでドス黒くなる

金属成分の
亜鉛、チタン、ナトリウム
酸化クロム、酸化鉄
マンガンが
含まれている。コワッ！

黄色は肌が
吸収しやすいので
色素が残る

ドヨ〜ン
緑色が
沈着して死人顔になる
コワッ！

使っただけ、ビョーキ顔に

「緑のコントロールカラー、使ってるでしょう」パッと見て、それとわかる女性がいます。だって、顔が緑色なんだもの! 黄色みを帯びた私たち黄色人種の肌は、緑や黄色を引き寄せやすく、それらの色素でどんどん肌色がくすんでしまう。だから、緑と黄色のコントロールカラーはNG! 使うほどに顔色が悪くなるのよ。

どうしても使いたいなら！

赤味を抑えたい人… ブルー

顔色の悪い人…… ピンク

くすみの目立つ人… 白

⑤ 化粧品成分ってなんじゃらホイ!

読めんぞ〜!!
視力テストか!?

お経か!?これは…
読む気もおこらん…

成分表示を無視しないで!

化粧品の裏に小さく書かれた成分表示。チンプンカンプンという人が多いんじゃないかしら? でも少しでも知識があれば、「何が自分の肌に合わないのか」を知るヒントになるわよ。わからなければ、化粧品を持参して皮膚科でパッチテストを。ここでは、化粧品によく使われる成分をご紹介します!

◆化粧品成分の話◆

ちっとは勉強しなはれ!
合わない化粧品を持って皮膚科に行く! パッチテストをしてくれます

あかん!
さっぱりわからん!
ギブアップしたら

1 油性原料…肌に油分を与える
スクワラン・ミネラルオイル・オリーブ油

2 水性原料…肌に水分を与える
水(精製水)・エタノール

3 保湿剤…肌の水分を保持する
BG・PG・グリセリン・ヒアルロン酸Na

4 界面活性剤…水と油を混ぜあわせる
PEG・コポリマー・ステアリン酸グリコール・ステアリン酸グリセリル

5 着色料…タール色素・マイカ・カオリン・パール剤
酸化亜鉛・酸化チタン・酸化鉄・カーボンブラック・シルクパウダー

6 防腐剤…安息香酸Na・パラベン

チズのダメ出し!

6「日本人の肌向け」は真っ赤なウソ!

肌のつくりは世界共通よ

私はアメリカの「ベストマヨネーズ」が大好き。いまどき、「マヨネーズは日本製でなきゃ」なんていう人、そうそういないでしょ? 体が喜ぶものがいちばん。化粧品だって同じよ。「日本人の肌には……」なんてこだわる必要はなし。肌の構造は世界共通。グローバルな化粧品選びをどうぞ!

『日本人の肌にあわせてつくりました♥』

は

真っ赤なウソ!

人種の違いによる
メラニンの数と大きさが違うだけ!

あとはみんな同じ!

日本は肌まで欧米化!?

欧米化した食事や家屋、さらには10代からのメイクや夜型のライフスタイル、地球温暖化などで、日本人の肌はどんどん変化している。でも、それらの大半は、「意識」ひとつで変えることができるの。肌の違いをつくるのはあなたしだい。まわりのせいにしちゃダメよ。

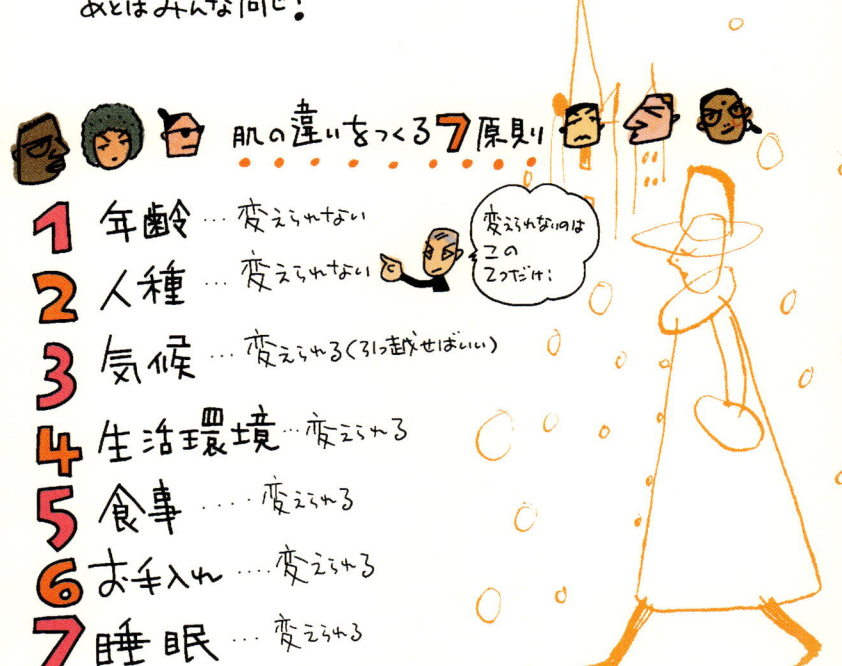

肌の違いをつくる7原則

1 年齢……変えられない
2 人種……変えられない

変えられないのはこの2つだけ!

3 気候……変えられる(引っ越せばいい)
4 生活環境……変えられる
5 食事……変えられる
6 お手入れ……変えられる
7 睡眠……変えられる

知っているようで知らなかった!

お手入れ 三都物語 メイク

JAPAN

化粧水 命

化粧水がこれほど売れる国は日本の他にはない!

洗顔 命

水信仰が厚い国
「汚れを落とす」という意識が強い

欧米のバスルームは身づくろいを整えるところ
日本は汚れを落とす場所

3度のメシより化粧水が大事!?

きれいな水とヘルシーな食事は、日本が誇るべきもの。キメ細やかな肌の元ね。水への信仰が厚い日本人は、化粧水が大好き。メイクでは美白が基本だけど、かつてはガングロブームもありました。流行に流されやすく、主体性に乏しいのが、日本女性の化粧品選びの傾向。「これは私の肌には必要ないわ!」といえる知識と勇気をもって!

美白命

「白壁のように白くなりたい！」
というくらいの白好き民族
シミを何よりも恐れる

鏡台の文化だから
全身を見る習慣がない
メイクが社会のマナーになっている
スッピンで会社に行かないもんね

化粧品の買い方

他力本願の国

何でも人に聞いて決めてもらうのが
当り前の国民性

あれもそれも
これも
これも
カウンセリングになっていない
日本の
美容カウンセリング
ハイハイハイ
おいしいカモ状態
何が必要かわかっていないから
ブランド買いを平気でする

食生活

塩分が少し多いが
食生活の面では
日本は

お茶とジュース
おまんじゅうとおかき

知っているようで知らなかった!

お手入れ 三都物語 メイク

FRANCE

日焼けが命

フランス女性にとって
小麦色の肌こそが
健康の証、憧れの肌

ただしスキンケアも
きちんとしている

ボディケア用の
化粧品も
世界一の充実

メイクは
マスカラと
リップぐらい

クリームタイプの
化粧品が多い

水洗いの
習慣がない
クレンジング剤に
顔をふく

香りが命

母親やボーイフレンドから
贈られる香りをつける
というのが通例

トータルで美を磨くパリジェンヌ

パリの街には、ドラッグストアがたくさん。ここで自分に必要な化粧品をチョイスするのが一般的。そこにはフェイスケア製品だけでなく、ボディ、ネイル、ヘア、アイ用のアイテムが豊富にあり、トータルで美を追求するのがフランス流。メイクはポイントのみで、お気に入りの香水をつけて外出する。自分のスタイルがしっかりと確立された大人の国ね。

化粧品の買い方

自分に必要なモノがわかっている

化粧品が細分化されているので何が必要かわかっていないと山ほど買うハメになる

食生活

糖分、脂肪分過多のフランス！

カフェとクロワッサンの国
バターを代表とする脂肪分、甘いモノは肌に悪い！

知っているようで知らなかった!

お手入れ

三都物語

メイク

U・S・A

ヘアスプレーが
手放せないアメリカ女性

ヘア命

いきなり
クリームか乳液
化粧水は使わない

メイクはリキッドファンデに
パンケーキ、という
ダブルファンデーション

そばかすが
多いが
あまり気にしていない

実はアメリカ人は
ネコっ毛が多い
髪型をフワッと
させないと
顔とのバランスが
とれない

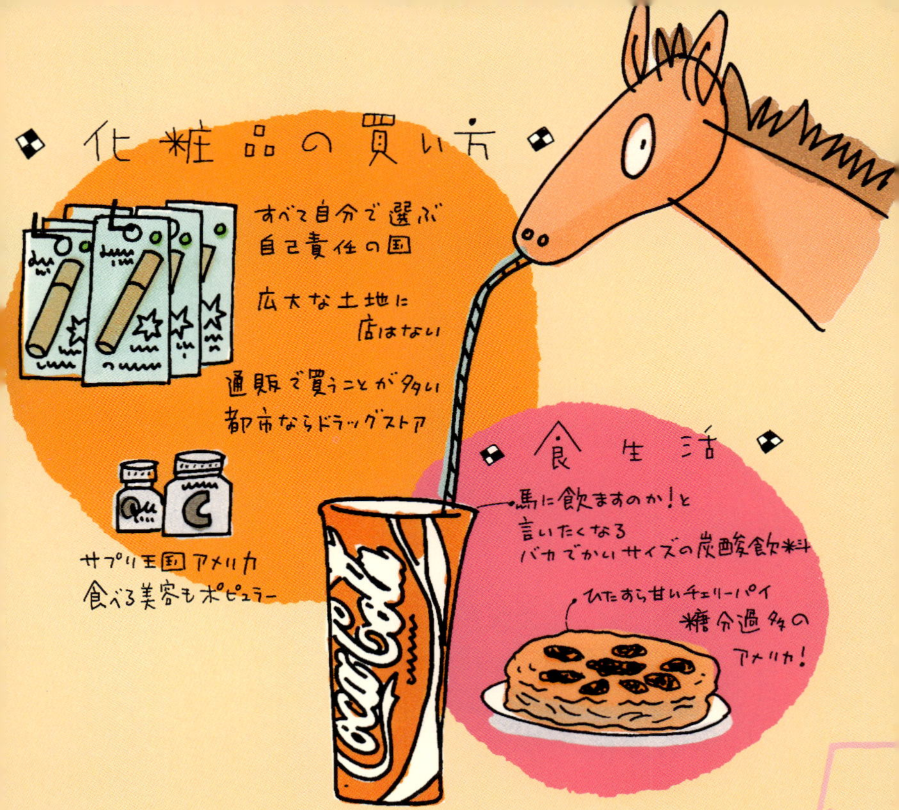
化粧品の買い方
すべて自分で選ぶ
自己責任の国
広大な土地に
店はない
通販で買うことが多い
都市ならドラッグストア
サプリ王国アメリカ
食べる美容もポピュラー
食生活
馬に飲ますのか!と
言いたくなる
バカでかいサイズの炭酸飲料
ひたすら甘いチェリーパイ
糖分過多の
アメリカ!

ダーリン
命
ONLY ONE
愛するダーリンの
ためのメイク
スーパーにはカーラーを
巻いたまま行くが
ダーリンの帰宅時には
ヘアもメイクもバッチリで
お出迎え
日本は逆だわさ〜

顔より髪!
ブラシ必携の彼女たち

暇さえあればブラシで髪を整えている。それがアメリカ女性。一般的に目鼻立ちがハッキリしているから、フルメイクはあまりしないの。スキンケアやメイクは、手順やテクニックにこだわるよりも、ドラッグストアや通販で買った化粧品を楽しく使いこなす感じ。決して健康的とはいえない食事だけれど、アメリカの空の下で飲むコーラは確かにおいしい!

⑦ 可もなく不可もないのが 化粧品

アレルギーなどの問題もあり、
メーカーにとっても効果の大きい化粧品は
リスクも大きくなる
結局、可もなく不可もなく…
になってしまうのよ

あなたの心の美容液を入れなさい

高いからものすごい効果!と思ったのにいい〜
え!?

化粧品はブランドでもなく
値段でもなく
きれいになりたい!
という気持ちと
使い方!

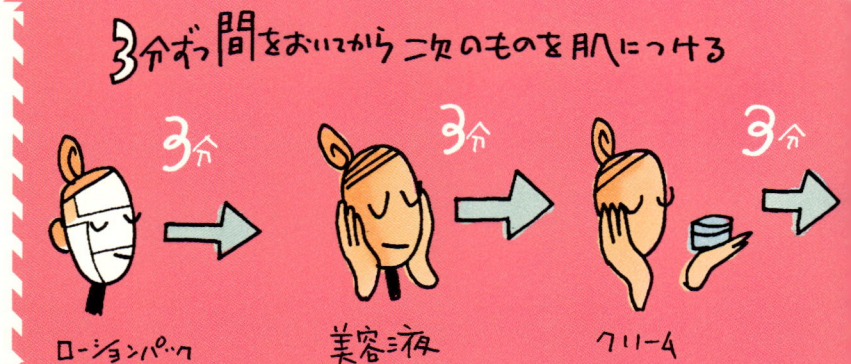

3分ずつ間をおいてから次のものを肌につける

3分
3分
3分
ローションパック
美容液
クリーム

対話が大事!

化粧品は肌と対話をしながらつけなきゃ意味がない。「美容液が効いてきたみたい!」「あのクリームのおかげで肌がしっとりしてきたわ!」そういう前向きな気持ちが、あなたのきれいを後押ししてくれるの!

よしよし！
明日もピーンとしてや！
がんばれよ！
たのむでホンマ！
たるむなあ〜
白い白い！

欠点は責めるとよけいイジワルするの！
5万円やで！効いてや！
ぬりながら会話！

メイク

使い方ひとつで高級化粧品に

1万円のクリームを5000円にするのも、5万円にするのもあなたしだい。決められた分量を手のひらで温めてから顔につけ、3分おいてから次へ。「入ってね〜!」と気持ちを込めるだけでも、化粧品の効果は違ってきます。

テレビとチズ
え!?
あのドロドロしたのが美容液?
テレビ総ナメのチズ
実は通販マニア
ようしゃあ〜!!
これや！
夏みかんがカンタンにむける！
ムッキー！
しかも山ほど買って
みんなの分もあるで〜！
ええ〜
そう
また?
ムッキー
セ・ン・セ・ー
使い方わかんない
思い知らせてやる！
どこか変だぞチズ！
夏みかん
夏みかん

チズのダメ出し!

8 整形に「プチ」なんてない!

14歳の少女からの手紙

目の下のハレで悩んでいます。
整形したいけれどお金もない
お金をかけずにきれいに
なる方法を教えて
ください。

整形しちゃダメ!

かわいそうに。
この世代って見た目だけで
選別されちゃうのよね

答 ヘコむように押して!押して!
リンパに向かって押す!
目のまわりをマッサージしなさい

整形を軽く考えている人が多すぎ!

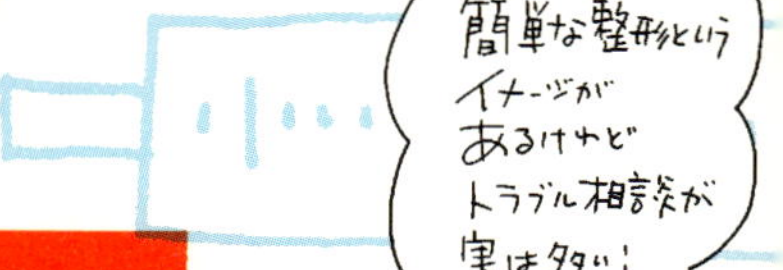

簡単な整形というイメージがあるけれどトラブル相談が実は多い!

安易に“顔改造”に走らないで

プチ整形だって立派な整形。勢いでやると、取り返しのつかないことになることも。私は「二重、二重!」と唱えながら、毎日指でまぶたの脂肪を散らして、奥二重をゲットしたの。欠点ばかりを見たり、すぐに手術なんかに走らないで、自分の長所を引き出す努力も忘れずに。

問題点

1. 2～3ヵ月に1度 メンテナンスが必要
2. ボトックスを入れると重みで下がってくる
（二重まぶたが一重になったり
額が下がったり…）
3.  このシワを中に入れこむ整形をすると、笑っても目が笑っていない。目を閉じようとしても閉じられない
（筋肉が動かなくなる）
4. 一度やりだすと続けなきゃいけない

⑨ ピーリングにレッドカード

『つる肌』という言葉にダマされてはいけない！
レッドカード！
トラブルをかかえて駆けこんでくる人があまりにも多い！

皮膚をはがしてどうすんの？

「ひと皮むけたいい女……」最初はそうかもしれないけど、続けるうちに肌が黒くなり、しぼんだ風船みたいにトロンとしてくるのが“ピーリング肌”の特徴。肌は自然に“脱皮”しているのに、それを無理にはがすから、肌はガード本能を働かせて硬化してしまう。肌にとっては迷惑なだけ。

先生助けて！
かわいそうに
けっこう涙もろい

実例1 30代後半の女性。2年間月2回のピーリングを某皮膚科で続けたが最終的には汗腺がまったくなくなってしまい内科へ。
その某皮膚科でもらっていた薬は、処方してはいけない薬だったと内科医が指摘。そこでピーリングの問題点・有名クリニックでもこんなトラブルが起きているのだ！

実例2 出版社勤務のY子さんは時代に先がけ「ピーリング」にトライ。それがアダとなり、ドス黒くなってしまった

あちゃ〜

◆ピーリングの問題点とは？◆

- ピーリングとは表皮を人工的にはがすもの
  凸凹がないから皮脂が地を這うように
  ギトーッと顔全体に広がる
- 無理にはがすから赤みやくすみが多い
- 一時的に赤ちゃんのような肌になるが、施術をやめることができなくなる
- 化粧のノリが悪くなる

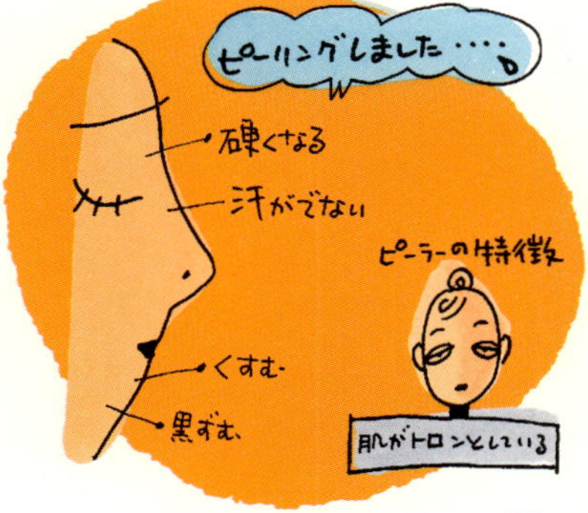
ピーリングしました…。
硬くなる
汗がでない
くすむ
黒ずむ
ピーラーの特徴
肌がトロンとしている

チズのダメ出し！

10 顔そりは危険です！

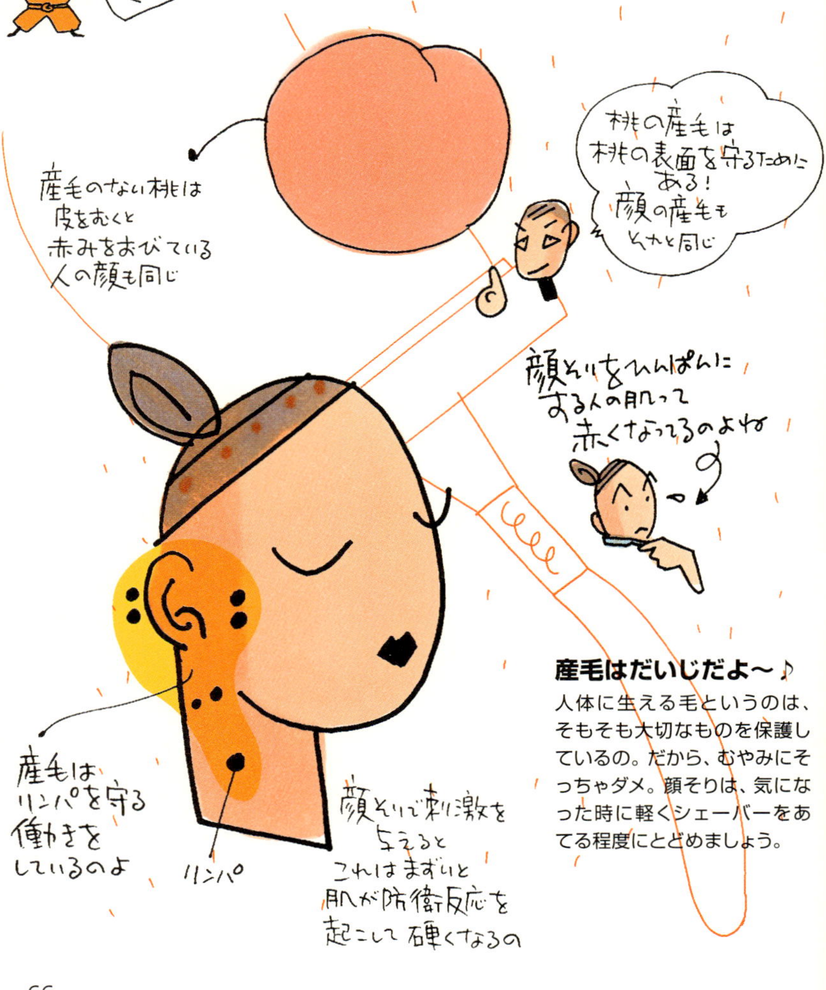

産毛のない桃は
皮をむくと
赤みをおびている
人の顔も同じ
桃の産毛は
桃の表面を守るためにある！
顔の産毛も
それと同じ
顔そりをひんぱんに
する人の肌って
赤くなってるのよね
産毛は
リンパを守る
働きを
しているのよ
リンパ
顔そりで刺激を
与えると
これはまずいと
肌が防衛反応を
起こして硬くなるの

産毛はだいじだよ〜♪

人体に生える毛というのは、そもそも大切なものを保護しているの。だから、むやみにそっちゃダメ。顔そりは、気になった時に軽くシェーバーをあてる程度にとどめましょう。

私は日陰のオンナ

そっとしておいて…

肌年齢を決めるのは
7割が外部要因なのよ！
手元に傘がなければ
タオルでほっかむり
やめて…
マネージャー
紫外線は百害あって一利なし！
サングラス付サンバイザー
メガネジミ
を
作らない
サングラス付
キャップ
日焼け、ガングロは
肌の敵よ！
行く末が恐ろしい…
お客さん
(頭)大丈夫ですか？
TAX
タクシーの中でも傘をさす
トホホ
心配だわ…

こんがり肌はシミ肌のもと！

太陽の光は、美肌の大敵。今の私の肌があるのは、18歳から一切水着を着ることもなく、徹底的に紫外線を避けてきたからなの。「どうしてもマリンスポーツをしたい」という人は、日焼け対策を万全に。今、たっぷりと焼いたツケは、必ず数年後にやってきます！

チズのダメ出し!

11 手を洗わない「つけ爪の女」

ピアノタッチのマッサージができないんですぅ
切りなさい!
爪にいろいろとつけている子たちは
あんまり手を洗わないのよね
帰宅してもそのまんまの汚い手で
顔をいじったり…
オ〜ホッホッホッホ
ヒルズ!?
まあ♡
こいつ
おにぎりなんて
握れないだろうな〜
オトコの本音は
こんなもんらしい
ちなみに
髪は……
朝晩シャンプーする
やりすぎ高校生も
「乾燥街道」まっしぐら
手間が
かかるわよ〜
シャンプー剤を使わないで
お湯ですすぐだけの
日があってもいいのよ〜
ゴージャスをはき違えている日本人
巻き髪が似合うのは君島十和子ぐらい
大抵の日本人には似合わない!

流行を追うのも、ほどほどに!

セレブ気取りで、ネイルアートや巻き髪に手を出す女性は多いけど、それ、本当にあなたに似合ってる?　しかも、長い爪はどうしても不潔になるから、その手で顔に触れれば雑菌がつくのは当たり前。もう一度、“きれいの本質”を考えてみて!

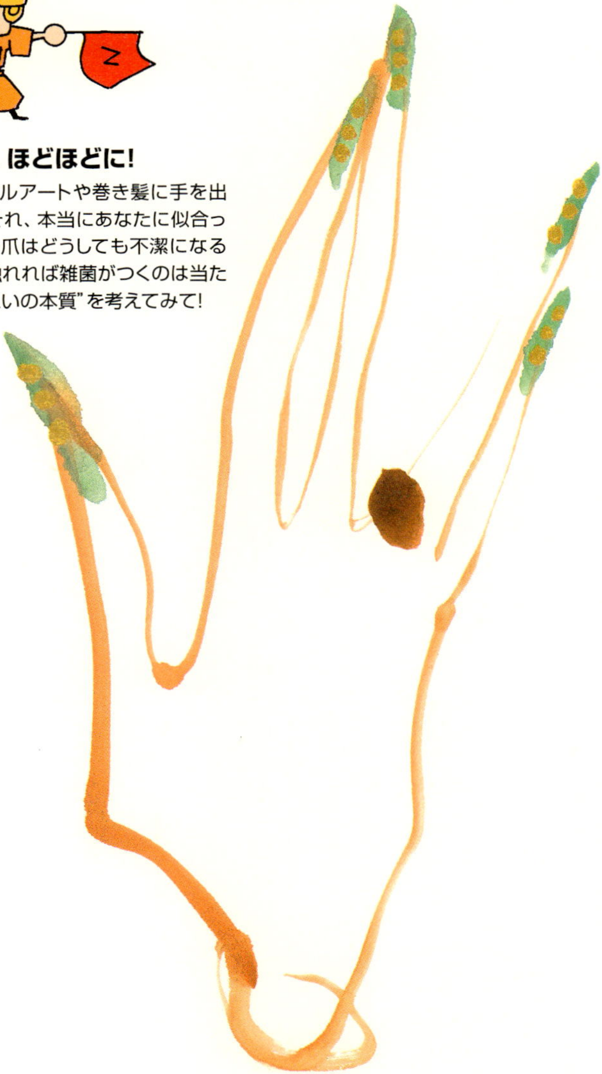

チズのダメ出し!

12 正しい化粧品の選び方・使い方

15gのクリームを作って欲しい
そうすれば使い切ることができるし、値段も半分になる!
メーカーも問題あるわよ!
キャンペーン商品を売るのは許せない!

売り手市場の化粧品業界

わあ〜♪ 良さそう
新製品のクリームです
口紅を買いにきたことを忘れている
売りたいモノを初めから決めている
目的を忘れる! 目的なくお買物をする! だから次から次へと買わされる
あなたの心情に問題があるのよ!

“目的なし子”のゼニ失い

化粧品を買いに行く前に、「なりたい肌」と「そのために必要なもの」を頭の中で整理しておくこと。ただ「クリームが切れたから……」では、「だったら新製品が……」とメーカーが売りたいモノが出てくるわよ。そして一度買ったら、最後まで使い切ってあげてね。

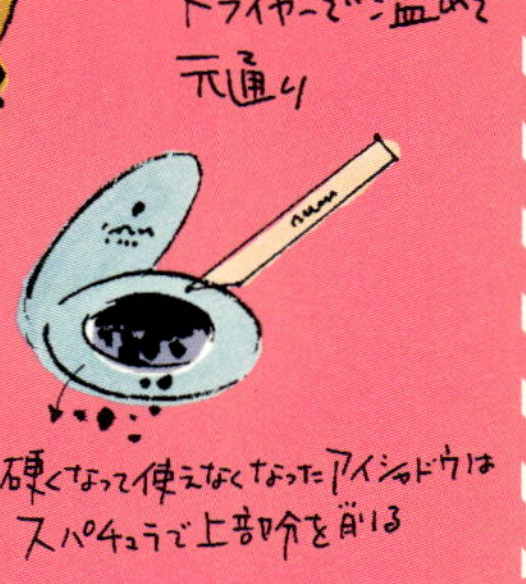

折れた口紅はドライヤーで温めて元通り

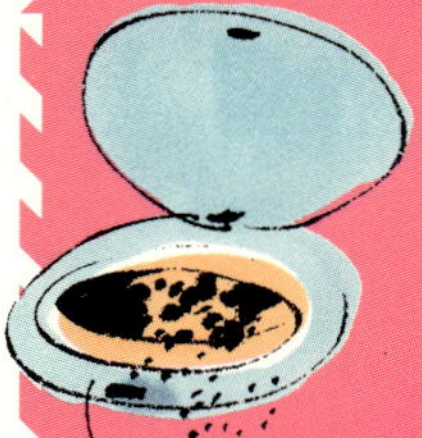
※粉々ファンデは化粧水を入れて練れば元通り

※粉々アイシャドウはベビーオイルで練りシャドウに

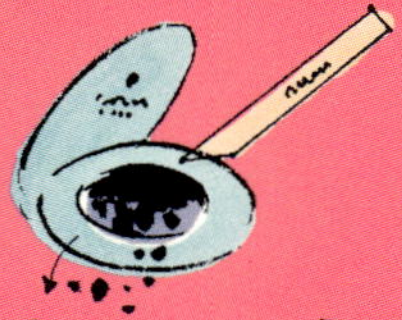
硬くなって使えなくなったアイシャドウはスパチュラで上部分を削る

ちょっと待って!

使い切れなかった化粧品、捨てるのはもったいないって時、あるわよね。そんな時のおトクな再利用法、教えます。

番外編

その1
ニベアだってあなどれない!!

ドラッグストアで手軽に買えるモノでも、肌によかったりする時、あります。

あの
高い化粧品は
何だったの!?
某芸能人が小管の別荘に
お泊りになった時、高級化粧品が
使えず、ニベアを愛用したが、これが
肌にサイコーに良かったとか。
ニベア、バカにできんぞ〜

その2
困ったときの
“水溶きオロナイン”

カサつきやかぶれなど、化粧品ではどうにもならないトラブルがある人に、オロナインH軟膏を手のひらにとって、少量の水でやわらかくして使うことをおすすめしています。カサカサ肌もしっとり。

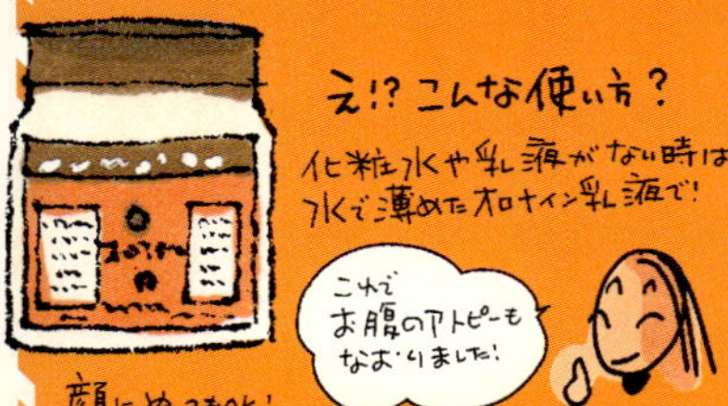

え!? こんな使い方？
化粧水や乳液がない時は
水で薄めたオロナイン乳液で!
これで
お腹のアトピーも
なおりました!
ライター
顔にぬってもOK!
でも栄養クリームではない!
あくまで薬。毎日続けては✕

チズとPARIS

某エルメス
あれもこれも
見せて
ベタ
ベタ
ベタ
ベタ
ベタ
ひょえ〜。
みんな
買うのかいっ、
いや〜
高くて
見る
だけです
よ〜
さわる
なら
買わ
んかい!
では
さわった
このお品を
お買い上げ
と
言う
ことで…
え!?

チズのダメ出し!

今のエステは
問題多すぎ!

⑬ 問題だらけのエステの世界

良いエステを見わけるコツ

化粧品を売っているところ チケット制のお店は やめなさい!!

月一エステより 365日のデイリーケア

「何か買わされるんじゃないか……」と緊張しながら受けるエステなんて、お金のムダ! 月に一度の“ビクビク・エステ”よりも毎日、自分の手できちんと顔やボディのお手入れをするほうが、よっぽど有意義なのよ。ちなみに、私のサロンでは化粧品やチケットは一切売っておりません。

チズの店にも
方針があります

その1. モノは売らない（コットンは別）

NO!

その2. チケットは売らない

NO!

その3. その人に合った化粧品を使う

その4. コースは1つ

なぜなら….
みんな『きれいになりたい気持ち』は同じ
お金があるからきれいになれる というのはおかしい
だから みな同じお手入れをするの

ローンがすごいの…
どうしよう こんなに残ってる…
3年分のエステ回数券と山ほどの化粧品を買わされた

化粧品とチケットできれいになれるわけがない!
客も目的なく化粧品を買うから次から次へと買わされる

Salon dore ma beauté
サロン ドール マ ボーテ
今日も1日5人のお客様の
肌の手入れ。
これが私の本業です!
きれいに
なれ
きれいに
なれ
お客様に近くなるので
にんにく、ネギなどは
絶対に食べない!
生魚も食べない
メイクも
なし!
指輪もしない
爪ものばさない
エステには
手を抜かない
どういうわけか
あきないんです!
この仕事
大好き!
ほとんどの人が気持ち良くなり
眠ってしまう
1日5人のお客様のケアは
けっこう大変
お昼は控室でお茶漬サラサラ
リンパの流れを良くする手入れは
かなりの力仕事。
ヘトヘトになります

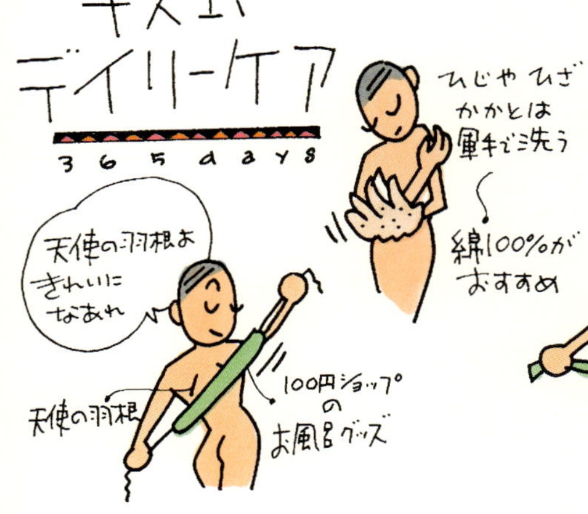
チズ式
デイリーケア
365days
ひじや ひざ
かかとは
軍手で洗う
綿100%が
おすすめ
天使の羽根よ
きれいに
なあれ
天使の羽根
100円ショップ
の
お風呂グッズ

**私、脱いでも
スゴイんです!**

毎日のバスタイムはボディケアにも大切。軍手やタオルを使って、私はボディに磨きをかけているの! さぁ、あなたもご一緒に!

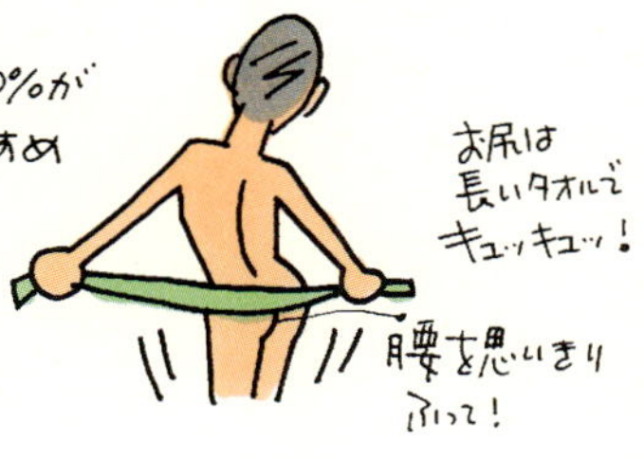
お尻は
長いタオルで
キュッキュッ!
腰を思いきり
ふって!

⑭ つけてもダメならやめてみな!

ホントの自分の肌を知るためにオススメ!
2泊3日コース
肌を一度リセットする
肌断食のススメ

SAT
(土)
何もつけない!
朝晩素洗いのみ
SUN
(日)
何もつけない
朝晩素洗いのみ!
MON
(月)
土日は朝起きてぬるま湯で顔を洗うだけ
その日一日、何もつけない
NO!
リセットしたら月曜日からいつも通りにお手入れをし出勤!

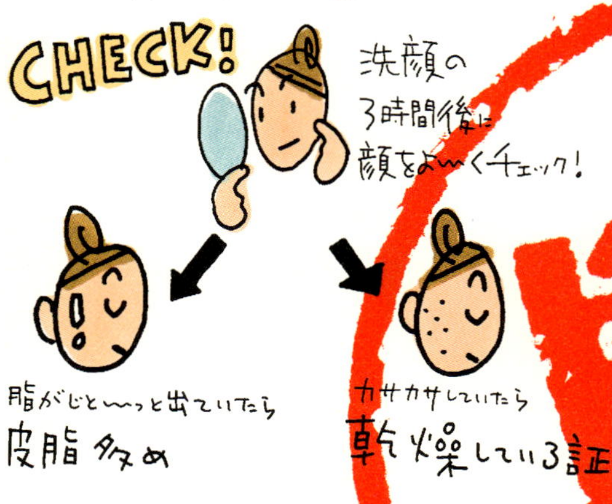
CHECK!
洗顔の3時間後に顔をよ〜くチェック!
脂がじと〜っと出ていたら
皮脂多め
カサカサしていたら
乾燥している証拠

ぜいたくケアの貧乏肌

肌に何もつけない人よりも、つけすぎる人のほうが、なぜか肌が汚い。お手入れのしすぎは、肌を過食状態にし、本来の機能を弱めてしまうの。だから、ときには化粧品から肌を解放してあげましょう。それには2泊3日の「週末・肌断食」がオススメ! やり方はとても簡単。

チズのダメ出し!

こーんなに
毎日
手入しているのに
これを『おでぶ肌』
と言います
つけすぎ・やりすぎ・洗いすぎで
肌をダメにしている
コういう人は多い

ふだんお手入れを
やっているからこそ
効果がある

断食期間は肌チェックのチャンス

「毎日が断食で一す!」なんて、何もしないことを自慢する女性がいるけど、そうじゃない。ふだんはきちんとお手入れをして、週末だけ肌断食をする。このメリハリが肌を健康に保ってくれるのです。肌が“素”になる断食期間は、肌チェックをするのにも最適!

肌断食!
ふだん何も
やっていない人が
肌断食をしても
ただの
「肌飢餓」
である!
おでぶ肌の人が
肌断食を
やってこそ
効果が!

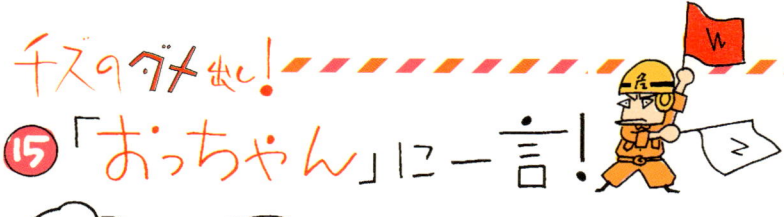

チズのダメ出し！

15「おっちゃん」に一言！

ダンナさん、
お父さんを
チェックして
あげて！
汚いおっさんが
多すぎ！

コレは立派な公害です！

電車で人間ウォッチングをしてると、まぁ、身なりを気にしない男性が多すぎる！「この人の奥さん、何やってんの?」と腹立たしくなるわ。アルマーニのスーツを着ろとはいわないけど、男性もせめて清潔だけは心がけて。

おっちゃん！
見られてまっせ！
ダンナ？
知りまへんで
その辺に
ころがってまっしゃろ。
電車にすわると
ちょうど
腹の部分に
視線が……
(見たかねえ！)
耳ゴワゴワ
たまに
毛付き
鼻毛が出ていても
おかまいなし
あんたは
バカボンのパパか？
肩につもるふけ
シミ付きネクタイ
サラ金
パ
お腹のぜい肉が
ベルトの上に
のっかっている
穴が広がって
しまったベルト
シミのついたジッパー部分
ほこりだらけ
つやなし
ズボンがテロテロ

実は！オトコも悩んでいた…

いや
オレだって
気にしてんだよ…
でも
どーしたら
いいか
日経にも
文芸春秋にも
書いてないし…
妻には聞けないし
娘には
バカにされる
だろーし…
女子社員には
ウザがられてるし…

佐伯センセの
エステに
行きたいんですが…
あの〜
コットンは
どこで
買えるんですか？
ヘッ？
出版社
担当
ザッパーY子
黒肌みのもんたも
絶賛した
ローションパック
おじょーさん
これは
いい！
コ、これは
すごい！
今度から
楽屋でやる！
コットンを
下にはがす
耳のケアも
忘れずに
ただし、
ヒゲが生えている
向きに沿って
上から下と
コットンをはがすこと

「無頓着オトコ」とは対照的に、自分のルックスに少しでも磨きをかけようと、私のセミナーにみえたり、電話をくださる男性が増えている。とくに営業マンなどは、見た目も大事。「デキる男」は、外見も美しいのよ！

男性もローションパックは
有効！
ぜひ教えてあげて！

ホントにあった話
45歳、大阪のラジオディレクター
先生！
1カ月で
脂性が
なおりました！
きれいになりたい
という
女性の気持ちが
わかるように
なったよ
もっと早く
これをやっていれば
もっと
モテただろうな
オイオイ…
テカテカ
ギトギト
彼の場合、
顔が脂でギトギト
原因は1日8回の洗顔だった！
娘からもイヤがられていたが…
フゴ〜
枕には
脂の黄色いシミが
ベットリと！
1 耳をひっぱる
2 男洗いをやめた
3 ローションパックを実行
4 過度な洗顔をやめた
・肌が白くなり、毛穴も小さくなった
・脂浮きがなくなった
・頭皮も改善したのか、髪サラサラに！

こちとら自腹じゃ!

●コスメとチズ●

ナマグサ編

メシをおごってもらった女性スタッフ3匹
タイアップの話とかこないんですかあ〜
い〜っぱい来るわよ〜
1億円出すからやらないかとかね…化粧品はもうかるのよ〜
やりましょ!
ドテッ!

もう化粧品は売りません

化粧品メーカーにいるころ、さんざん商品を売ってきたから、これからは「どうすればきれいになれるか」を、日本中の女性にくまなく伝えていきたい。そして、すべての人にきれいになってほしい。まだまだ頑張るわよ!

オリジナルの化粧品を
作りませんか? という
おさそいはたくさんあるけれど、
それをやってしまえば
公平な意見を言うことは
できない。

チズは化粧品は作らない。

若ければそういう話に
乗ったかもしれないけれど…
でももう年だしお金も
そんなにいらない。

子供もいないし…

美肌のKNOW HOWを
広めたい。
そして いい後継者を
育てたいの。

私ならやる〜
脱げと言われれば脱ぐ!

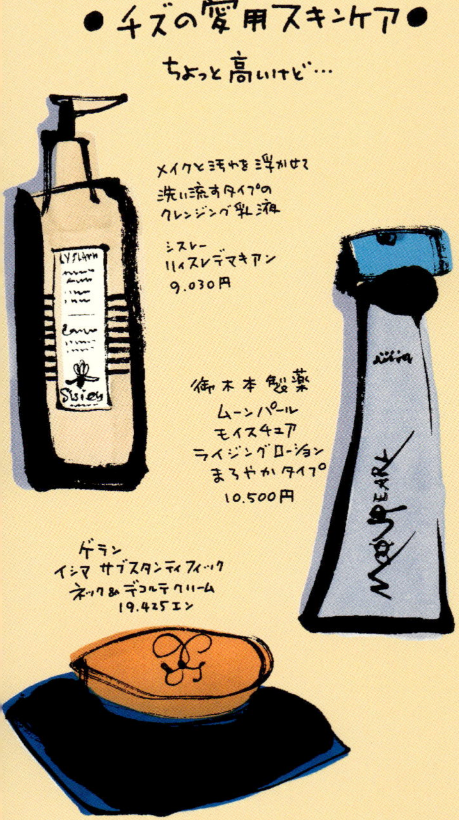

●チズの愛用スキンケア●
ちょっと高いけど…
メイクと汚れを浮かせて洗い流すタイプのクレンジング乳液
シスレー
リィスレデマキアン
9,030円
御木本製薬
ムーンパール
モイスチュア
ライジングローション
まろやかタイプ
10,500円
ゲラン
イシマ サブスタンティフィック
ネック&デコルテクリーム
19,425エン

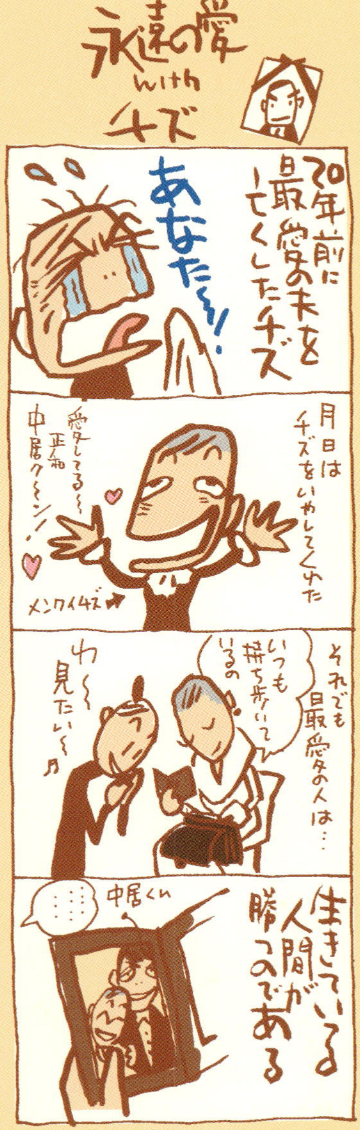

永遠の愛 with チズ
20年前に最愛の夫をなくしたチズ
あなた〜!!
月日はチズをいやしてくれた
愛してる〜
正和
中居クン〜ン!
メンクイチズ
それでも最愛の人は…
いつも持ち歩いているの
わ〜見たい〜♪
……
中居くん
生きている人間が勝つのである

化粧品をつくらないもうひとつのワケ

化粧品開発ってそんな簡単なものではないとことを私は知っている。長い月日と莫大な研究費用をかけた結果が、私たちの手元に製品となって届く。だから中途半端な気持ちで化粧品づくりなんてできないわ。だったら、すでにあるもののなかから自分にあった化粧品を選ぶほうが賢いと私は思うの。

佐伯チズ物語 PART 2

どひゃー
朝晩
ローションパックをして
半年で肌地獄から
復活!
45歳の時、100倍の競争を勝ちぬき
クリスチャン・ディオールに入社
最終面接地はパリだった
PARIS

肌地獄からの復活～ディオール退職

主人の死の悲しみと、看病疲れで泣き暮らすチズ。肌はすっかりボロボロ、肌年齢は60歳を超えていた。そこへ親友登場!「いつまで泣いてるの」とゲキを飛ばす。それを機に再び美容の世界へ。クリスチャン・ディオールに入社してからは、独自の理論で次々と実績をつくり、60歳で定年退職。そのとき、チズにはどうしてもやりたいことがあった……。(P107に続く)

CHRISTIAN DIOR
シャネルを3年で抜く!と宣言して
それから たった1年で抜いた
チズが作った
販売マニュアルは
本国ディオールの
マニュアルとして
採用された
販売マニュアル
Dior
インターナショナル
トレーニングマネージャーとして活躍
部下は500人!
53歳 雑誌によく登場する
毛皮のコート
ステキ～!
ヘッヘッヘ
実は御主人の遺族年金で
買ったそうな
60歳
数々の伝説を残して
ディオールを定年退職
先生
やめないで～
退職後は完全引退して…
キャンピングカーで
うまいそば屋巡り
喫茶店の経営…
COFE CHIZU
150万を
100万に
ねぎったの!
3年間
お金を貯めたの
←その辺の
おばちゃんと
変わらんでは
おまへんか

第3章
目からウロコの「チズ美容」

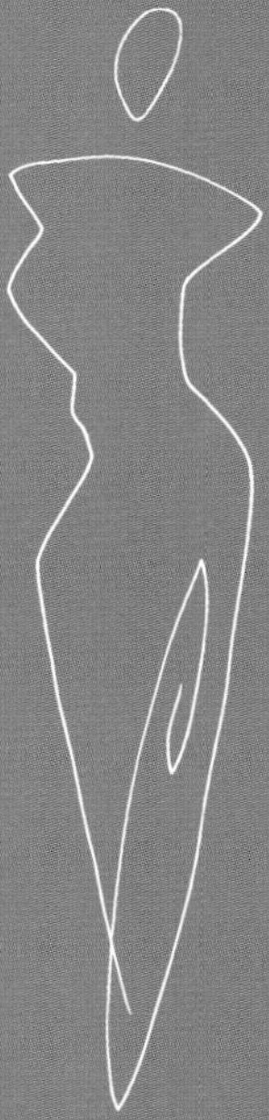

いつ、だれに、どんな角度から見られても
堂々と勝負できる素肌&ボディづくり。
化粧をすることだけが美容じゃない。
さあ、全身で「きれい」を目指すのよ!

目からウロコ
美容
Oh!

何はなくとも美容液

だいじょうぶかあ〜!

無人島になにかひとつ!
と
言われたら
それは 美容液!

救援より
美容液を〜!

ぷるぷる肌づくりの必需品

「美容液をもっていない」という女性は、案外多い。私は美容液を“肌の栄養剤”といってるの。肌の奥までスーッともぐりこんで、皮膚のふっくら感やプルプル感を引き出してくれる。美肌をつくるための必須コスメなのよ。

垂れるものからつけないと

硬
クリーム
エマルジョン
クレンジングクリーム
コールドクリームに多い
ムース
フォーム
(泡状タイプ)
フルイド
(乳液)

見えるところだけケアしてもダメ!

「肌の表面=表皮」のお手入れとは、ローションパックやマッサージのこと。肌にハリ感やなめらかさを与えます。そして「肌の奥=真皮」にまで届く美容液は、コラーゲンやエラスチンなどが入っていて、肌にうるおいやプルプル感を与えてくれるのです。だからお手入れは土台からきっちりと!

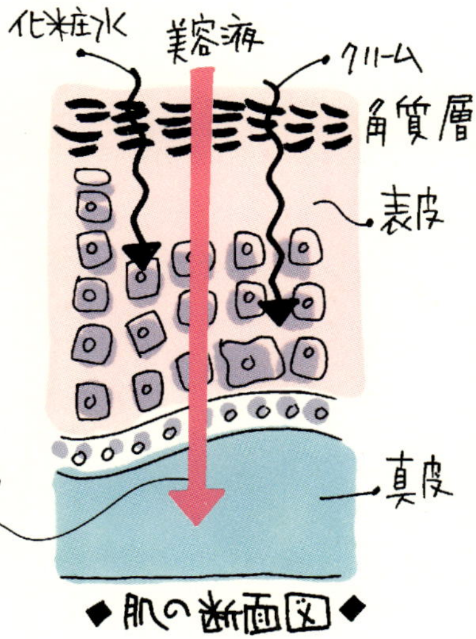
化粧水
美容液
クリーム
角質層
表皮
真皮
◆肌の断面図◆

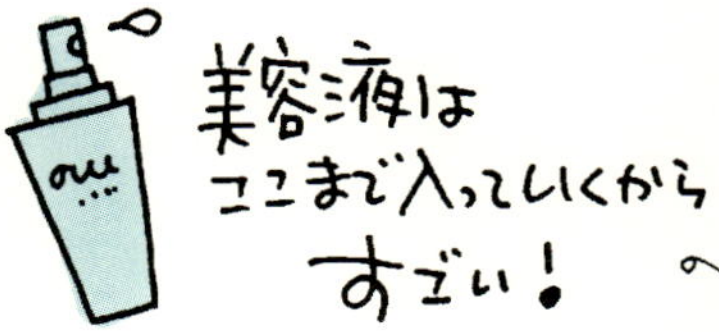
美容液は
ここまで入っていくから
すごい!

肌の奥まで入らない!
液

ミルク
ジェル
オイル
ローション

つける順番に迷ったら……

クリームタイプのあとにジェル!? それではどっちの効果も半減しちゃうわよ。「どの化粧品から使えばいいかわからない」と迷ったら、「垂れるものから」つけること。肌に浸透しやすい液状のものから始めて、最後はトロミのあるものでフタをする。これが鉄則!

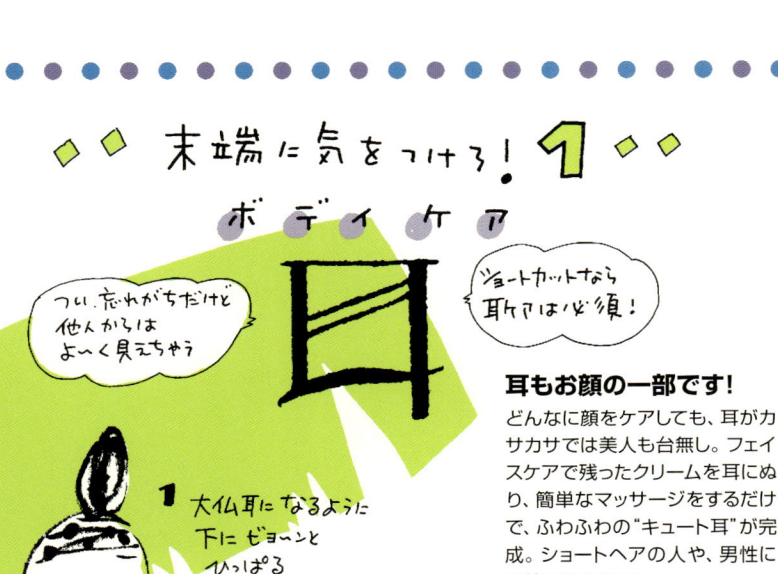

末端に気をつけろ！1

ボディケア

耳

つい、忘れがちだけど
他人からは
よ〜く見えちゃう

ショートカットなら
耳ケアは必須！

耳もお顔の一部です！

どんなに顔をケアしても、耳がカサカサでは美人も台無し。フェイスケアで残ったクリームを耳にぬり、簡単なマッサージをするだけで、ふわふわの“キュート耳”が完成。ショートヘアの人や、男性には特におすすめ!

1 大仏耳になるように
下にビョーンと
ひっぱる

ビョーンと
2 横にひっぱり
モミモミ

3 上にひっぱり
モミモミ

お手入れする前に
耳のお手入れをすると…

⇩

顔がほんわりあったまる

⇩

体温が高くなる

⇩

化粧の浸透が良くなる

目からウロコチズ美容
Oh!

チズ式耳ケア

耳のツボ押しマッサージ

耳の穴の入り口あたりには、まだまだ私たちの知らない、すごい「ツボ」があるらしい。だからしょっちゅう、私は耳をマッサージしているの。

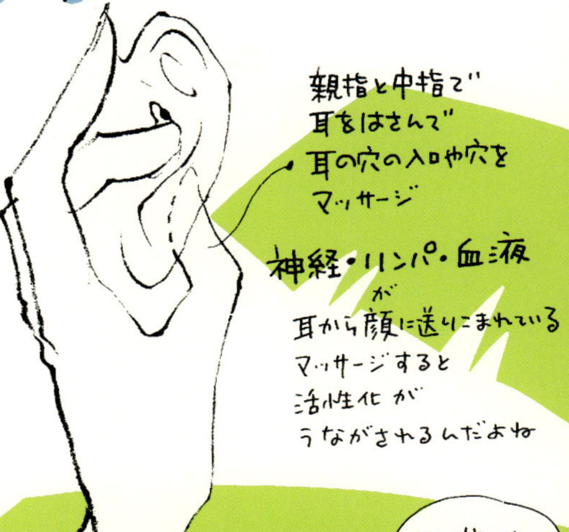
親指と中指で
耳をはさんで
耳の穴の入口や穴を
マッサージ
神経・リンパ・血液
が
耳から顔に送りこまれている
マッサージすると
活性化 が
うながされるんだよね

耳を内側に折って
寝ているチズ
こうすると耳がやわらかくなるの
睡眠時間も無駄にしないチズ！

耳をやわらかくする効用とは？

見ためが美しい！

ふけて見えない！

ピンク色の耳って美しいもんね

オトコ洗いを
やめなはれ！
ひげそり後の
乾燥、脂浮き、
毛穴が
ちがってくる！
特に男性は
耳に気をつけて！
耳が出っぱなしの
ヘアスタイル人生
日焼けしてまっ黒
おまけにカサカサ

耳だって老化する

年がら年じゅう、耳を出しっぱなしの男性陣。黒ずんだりカサついたり、耳から老けていく男の人って多いのよ。チェックしてみて、耳から老化が始まってる人、いるはずだから。

末端に気をつけろ！ 2

ボディケア

肘と手

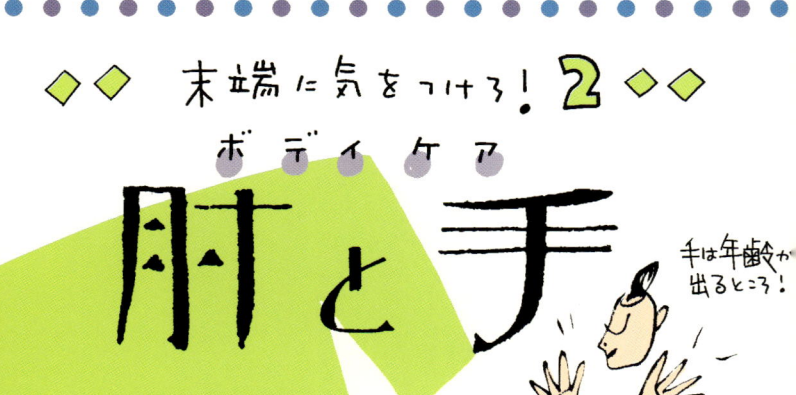

1 寝る前にハンドクリームを手の甲につけてこすりあわせ

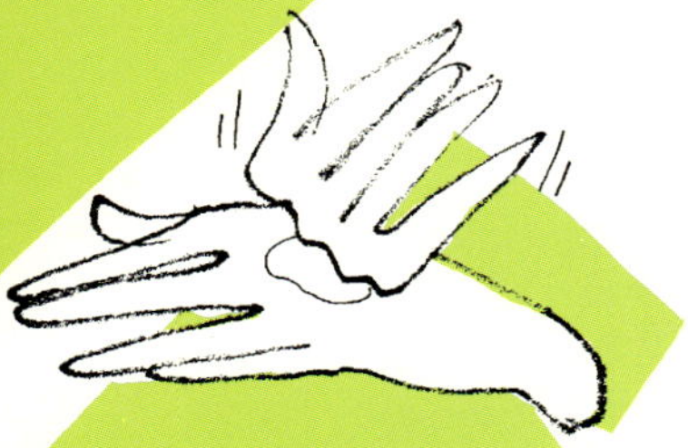

“老けた手”は絶対にソンよ

意外と他人の目につくのが手。いつまでも若々しく保つためには、特に荒れやすい関節や爪の甘皮部分を念入りにケア。私の場合、外出前には手の甲に「UVクリーム」もつけている。これでシミ予防をするの。

2 関節同士をこすりあわせ

3 爪の甘皮部分を反対の手の第一関節でこすってマッサージ

目からウロコ
チズ美容
Oh!

お風呂上がりに肘パック

1 ラップを先にテーブルの上に
広げておき、
そこに手をのせる

夏が来る前に “美肘”をつくりましょ

手とあわせて実践してほしいのが、肘のお手入れ。半袖の季節になってから、あわてても遅い！　冬のうちにしっかりと“美肘”をつくっておけば、いつでも堂々と薄着になれるわよ。その“自信”が、あなたの表情も変えるはず。

2 指先から肘まで
ボディ乳液や
クリームをたっぷりと

3 ラップでくるみ
端を持つ

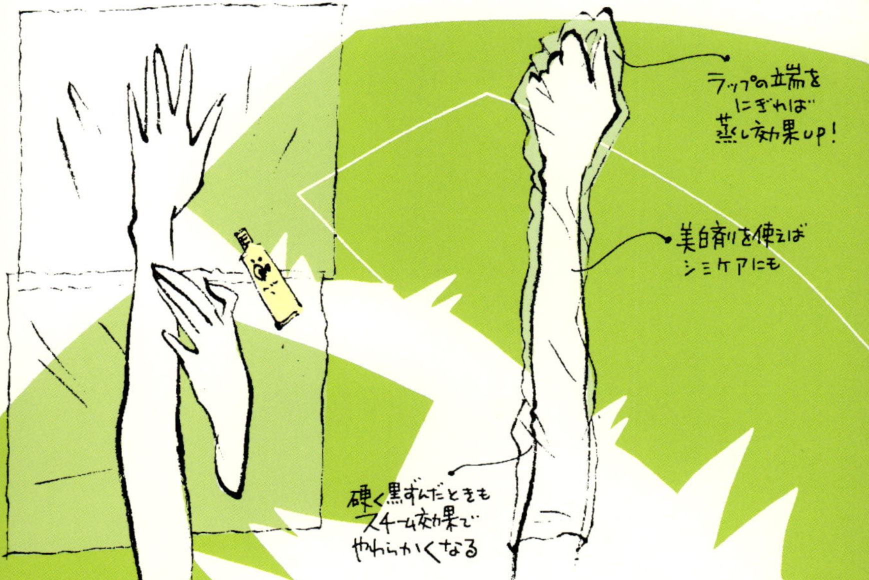
ラップの端を
にぎれば
蒸し効果UP!
美白剤を使えば
シミケアにも
硬く黒ずんだときも
スチーム効果で
やわらかくなる

末端に気をつけろ! 3

ボディケア

「木を見て森を見ず」鏡台の国ニッポン。
この国の女性は顔ばかりに注意がいく
NG!
ひざ カチコチ
ミトンや軽石で
定期的に角質ケアをする。
そのあと
クリームで保湿する
NG!
ひじ まっ黒!
クリームを
こまめにぬって
保湿を
ゾウ肌
パオーン!
かかと ガサガサ!
クリームをぬって保湿
その上からシャワーキャップを
はき、スチーム効果で
やわらかくする
ゾウ肌
パオーン!
NG!
NG!
サメ肌
ゾリリ…
ゾウ肌
パオーン!
からだサメ肌!
かさつきがひどいところは
クリームをつけた上から
ラップを巻いて

テレビで有名な
カリスマママダム
新幹線
車内でケイタイ
目立つわねぇ
末端は怖い!
ペディキュアが
はがれ
ストッキングが
破れている

なま足時代、ボディは悲鳴を上げている

ゾウの皮膚みたいにガサガサの関節部分、ストッキングが伝線しそうなサメ肌足。“なま足”全盛の今こそ、ボディケアに気合を入れて!　ラップやシャワーキャップを使ったスペシャルケアは、効果てきめん!

デコルテまでがお顔です!
ズの口癖

首のケア

ネック クリームを きちんと つけて

アゴの先端から
耳たぶの
つけ根まで
指の腹で
押しながら
マッサージ

耳たぶのつけ根から
鎖骨に向かっておろす
左右交互に数回
くりかえす

首とデコルテに出るオンナの品格

首からデコルテにかけては、その人の品格が出るところ。ネッククリームで首にハリを与えるだけで、ぐっと印象が違ってくるの。私は毎晩、こんなマッサージをしてるから、「胸あきドレス」も堂々と着られるのさ!

チズとデジタル
「アナログの女王チズ」
パソコン?
知りまへん
停電すれば私の勝ち
しかし必要にせまられ
最近よーやくケイタイのメールが打てるように…
どないなっとるんや!
届いたで、
いちいち電話で連絡しないでください!「ありがとう」「OK」って何ですかっ?
そんなの「ありがとう」と「OK」に決まってるやんか!
くそう!
今日も練習にはげむチズであった
マニュアル

12人の困ったオンナたち

1 タバコ臭いオンナ

全身からタバコの臭いが漂ってる女性って美しくない。吐く息もクサイ!

2 割るオンナ

キャ!
アホか
キャー!
キャー!
物への愛情がない

よくものを落とす人は緊張感が足りないの。だから仕事だって任せてもらえないはず。

3 つるむオンナ

ヒソヒソヒソヒソヒソ

いい年をして
ゾロゾロ
ヒソヒソ
下品!

ひとりでは何もできなくて、いつも誰かのウワサ話か悪口言ってる。つまらないオンナ!

4 ミュールたわけオンナ

カーン!
カーン!
カーン!

音をたてずにカッコよく歩けないなら、あんな靴をはく資格なし!

5 バイリンなオンナ

なぜか
プライドだけは
一人前

日本語話せる?
意味
わかってる?

日本語もきちんと話せないのに、外国語が話せたって意味なし!

なったらアカンよ、こんなオンナに!

美容の世界に足を踏み入れて、はや40年。全国津々浦々で、いろんな女性を見てきた。そこで、“なってはいけない”12タイプを、私なりの視点で選んでみたの。ブランド品をまとい、エステで肌をピカピカにしても、ふるまいがお粗末では台無し! やっぱりオンナは“トータル・ビューティー”でなきゃ!

6 開くオンナ

こっちがはずかしくなるほどの開脚ぶり。口まで開けて眠る姿はオヤジ顔負け!

7 踏むオンナ

「靴の汚いオンナは、すべてにだらしない!」これ、定説です。

8 香りすぎるオンナ

板さん
大トロにぎってくれる?

香りの公害、迷惑なオンナです。つけかたを知らない人は、香水をつけてはダメ!

9 残すオンナ

自分の食べる量さえわからん「取り込みサギ」は立派な犯罪です!

ゲップ

10 こぼすオンナ

それでさ〜

子供じゃないんだから、ちゃんと集中して食べなさい!

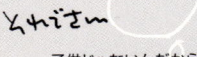

11 くれくれオンナ

くれよ〜
サンプルくれよ〜

サンプル化粧品できれいになれるわけがない! そういういやしい心は顔に表れます。

12 シミがオンナ

シミが!
シワが!

とにかくネガティブなオンナ

欠点ばかりが口をついて出てくるマイナス思考オンナ。美肌はぐんぐん遠ざかっていく!

私はこれでヤセました！

現在進行形 チズの肉体改造計画

ウウ・やせたい…
若いころはポッチャリだっ
あらゆるダイエ
チャレンジした
パイナップルダイエットに
スウエーデン卵療法
鈴木その子ダイエットに
断食道場
いろいろやったわよ〜。

だって浮いてくるんだもん
お風呂の中で使用するサウナスーツ
東急ハンズで8000円
1回の使用でギブアップ！

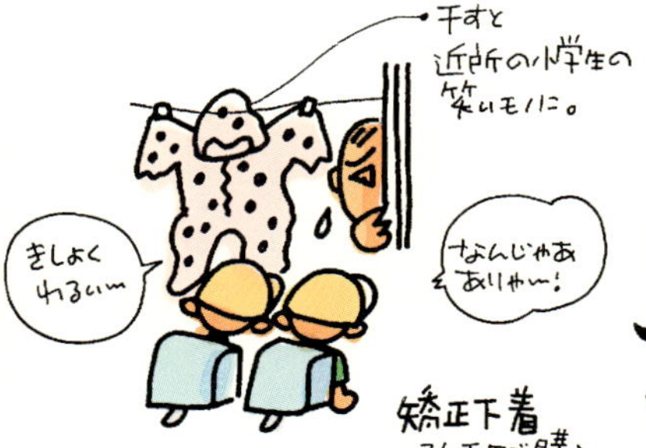
干すと近所の小学生の笑いモノに。
きしょくわるい〜
なんじゃあありゃ〜！

和田式ダイエットでやせた
チズ
3カ月で
60kg → 47kg
44歳の時に和田式に出会
60kgあった体重が
3カ月で47kgにダウン！
62歳になってもウエストは60cm！
ぬいだらすごいらしい
（マネージャー談）

矯正下着
36万円で購入
今でもボディスーツは着用しているわよ
肉を思いどおりの位置に移動でき、
また姿勢もよくなる
グイッ

ナイスバディへの道は続く

ナイスバディに憧れて、ダイエットと名のつくものは、何でもやってきた。そのなかで、自分にピタリと合ったのが「和田式ダイエット」。健康的な食事と適度な運動、そしてボディスーツで、60歳をすぎても“ナイスバディ街道”まっしぐらでございます！

たどりついた
私のパーフェクトダイエット法

和田式ダイエット

1 お腹いっぱい食べてもいいの！

2 でも キチンとルールを守って！

3 運動も忘れずに！

ダイエットルール

- 毎食の品目を揃えること！
  1品でも欠ければ その栄養素がなくなり、新しい細胞の新生がうまくいかず やせるための条件をつくることができない
- 絶対に間食はしないこと！
  こんにゃくなどのカロリーのないものもダメ
- よく かんで お腹いっぱい食べること！
  よく かむことは 消化吸収を助け、満腹感を味わう 効果がある
- 食事時間は最低45〜60分かけること！
- 食事と食事の間に6時間以上あけること！
  皮下脂肪を燃やすために食間を6時間以上あける。理想的な食事は1日で3食、睡眠時間は6時間に含めない
- 水とお茶はいくら飲んでもOK！
- 味付けは薄味にして素材を生かし調味料は自然なものを

チズのナベ物語

美肌食が大好評！
え〜!?
ぜひ料理の紹介を！
チズのキッチングッズは長く使いすぎてボロボロ
こらあかん…
なんと5万円のナベを新調！
大好評だった
ナベが？料理が？
5万円のナベで作る美肌スープ！
ぼくを使ってくださいよお。
とんでもない！
5万円だっせ！

後日、テレビを見ていた知り合いの金物屋さんから包丁の差し入れがあったとか。「見るに見かねて…」と言われたらしい

絶対に食べなきゃいけない9品目!

私もやせました!
服のサイズが
15号から11号へ!!
大ザッパー
Y子
イラストレーター
小ザッパーM代
私も3カ月で
9kgダウン!

お惣菜やポケットフードを上手に利用

9品目と聞いただけで「ムリ、ムリ!」って思ったそこのあなた、始める前からあきらめてはダメ! お惣菜屋に行けばいろんなおかずがそろうわよ。それに味噌汁にわかめとほうれん草を入れれば豆、海藻、野菜の3品目がとれちゃう。小袋に入ったおつまみの貝柱や豆をいつもバッグに入れておけば、外食中でも足りない食品をとることができるの。ほら、簡単でしょ!

肉

血液や筋肉を
つくる
重要なたんぱく質

レバー. 牛. 豚. 鶏. 羊
ハム. ベーコン. コンビーフ
など

魚

小魚. 塩干物
佃煮. シラス. 鮮魚全般

かに. エビ. イカ. たこ
ちくわ. かまぼこ

貝

他の食品では
摂取できない微量の
ミネラルが含まれている

あさり. しじみ. はまぐり
赤貝. ホタテなど
缶詰. 佃煮. くん製も
OK

海藻

髪や肌を美しくする
ヨード分や. 摂取しにくい
ミネラルをたくさん含む

昆布. わかめ. ひじき
海苔. ところてん
寒天など

油脂

食欲をおさえる働きや
ビタミンの吸収がUP
コレステロールを取りのぞく
働きがある

サラダ油、ゴマ油、バター
オリーブ油、マーガリン
ラード、ヘッド
ドレッシング

卵

健康を支えるために
必要な
必須アミノ酸

鶏卵（1日1〜3個）
うずら卵、マヨネーズ

豆

良質な植物性
たんぱく質

とうふ、味噌、油揚げ
練りごま、豆乳製品

乳製品

牛乳は一度に多くても
200ccまで
チーズは6Pチーズ程度の大きさ
ヨーグルトは150gまで

牛乳、バター、チーズ
無糖プレーンヨーグルト
スキムミルク

野菜

5種類の野菜
（根、茎、実、葉っぱ、きのこ）
をまんべんなく食べよう
食事の量の半分は野菜で

全量の半分を
野菜にすること

絶対に食べてはいけないもの!

炭水化物と糖分はしばらくおあずけ

「でも私、ごはんがないとダメ……」はい、私だってごはん、パン、うどん、大好きよ。でもほかのものはお腹いっぱい、食べていいんだから、空腹感なんてないの。私ほどの食いしん坊ができたんだから! 代謝をよくして燃費のいい体になったら、また元の食生活に戻せばいいのよ。だからとにかくやってみて!

最初の2～3日は
つらいけど
体が慣れてくる!

主食類

ごはん 餅、パン
めん類 小麦粉類
うどん、そば、マカロニ、
スパゲティ、シュウマイ
餃子、春巻き ピザ
お好み焼きなど 加工品すべて

果物

果物に含まれる果糖は
砂糖よりも脂肪に
なりやすいので×
レモン・ダイダイ・ゆずは
OK!
特にレモンは大いに
食べて!

コーヒーに入れるミルクもダメ!
甘いモノも絶対ダメ!
お酒もダメ!

アルコール類

ビール、日本酒、ワインなど
アルコール類はすべてタブー!
アルコールを飲みながら
減量すると
やせたあとの肌に
シワが出来やすい

飲み物

ジュース・コーラなどの甘味飲料水
糖分の入ったヨーグルト、牛乳
乳酸飲料も×
お茶、お水、レモン水は
いくら飲んでもOK!
コーヒーはブラックで

食後すぐの
コーヒーなら
ミルクを
入れてもOK!

菓子など甘いモノ

栄養のバランスが悪くなると
やたら甘いモノが
欲しくなるのよ
せんべいも×
菓子類いっさい×
ガム、ハチミツもタブー

3カ月で13kgの
ダイエット

20年たっても
リバウンドせず
体重を維持!

ずーっとこの食事が続くわけではないのよ
体重を落としたらあとは自己管理
とにかく1カ月でもいいから試して!

Oh!

運動も忘れちゃダメ!

ピッピッと5回 ・チズの肉体改造・

全身を
鏡で見る!
前、後ろ、横と
毎日チェック!

●朝起きたら
脚上げをピッピッ 5回
ヒップアップに効果的!

いいのいいの5回で!
出来ることしか続かない
その続けるというのが
大事なの

おへそを見る
つもりで

●ピッピッと腹筋5回
起き上がる時に
息を吐く

お! よしよし
えらいぞ〜と
自分をほめる!

欠点を責めると
悪くなるもの

●グッと肩を内側に
入れる

シコ踏みのポーズを
ピッピッと5回

フッフッと息を吐く
息を吐く時は
悪いモノを
出すつもりで
下腹部
ふくらはぎに
力を入れる
フラットシューズ
つま先で
上る

階段を上る時も
ムダにしない!

プチ運動は、ジム通いに勝る!

週に1度のジム通いよりも、毎日の簡単な運動のほうが、絶対に効果がある! 私も実はスポーツジム挫折経験アリ。でも家でできる"ピッピッと運動"に切り替えたら、無理なく続いて、理想のボディがキープできてマス。

思い通りに自分は変えられる!

コンプレックスは自分をきれいにするバネになるの。二重まぶたも、くびれたウエストも、ひきしまった足首も全部、自分でつくりました!

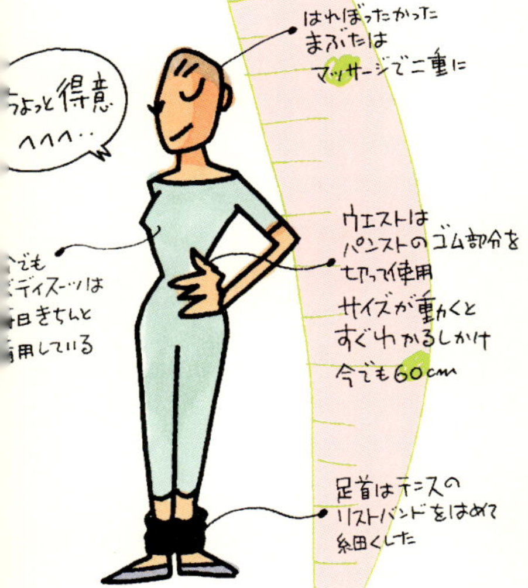

ちょっと得意
へへへ‥
はれぼったかった
まぶたは
マッサージで二重に
でも
ディスーツは
日きちんと
用している
ウエストは
パンストのゴム部分を
切って使用
サイズが動くと
すぐわかるしかけ
今でも60cm
足首はテニスの
リストバンドをはめて
細くした

ウリみたいな話だけど
続けるとホントに
こうなった!
毎日続ける!
これが大事なの

佐伯でございます
チズの好物は
大阪名物
豚マン
HORAI
551
関西出張で
チズは燃える
大阪→
先に乗ってて!
どこへ?
とりゃあ!
リリリ
りり‥‥
豚マン10人前を買い
ホームを走るチズ
551
豚マン食べたいねん
大阪のサイン会
たのむで
知らんわ
こんな
ヤツ
マネージャー

目からウロコ チズ美容
Oh!

チズのお肌

コラーゲンたっぷり！
簡単よ！作ってみて

1

おいしいもの大好き！ お料理大好き！
どうせ食べるなら 体の中から美しくなる美肌メニュー

美肌 スペシャル スープ

材料（4人分）
鶏手羽先肉…… 6本
セロリの葉…… 1本分
白ネギ………… 1本
しょうが……… 1片
大葉…………… 2枚
水……………… 6カップ
黒こしょう…… 少々
カレー粉……… 少々

つくり方

1 深めの鍋に、水洗いをしてぬめりをとった鶏手羽先肉と水を入れ、そこにセロリの葉、白ネギの緑の部分、スライスしたしょうがを加えたら、コトコトと弱火で1時間ほど煮込む。
2 鶏のエキスがしっかりと出たら、隠し味としてカレー粉を少々入れて味をととのえる。
3 白ネギ、しょうが、大葉のせん切りを食べる直前に入れ、黒こしょうをひとふりして完成。
※製氷皿に入れて凍らせておけば、必要な分だけチンして、いつでも美肌スープが飲める！

水洗いして
ぬめりを取った
手羽先
セロリの葉
しょうが
白ネギの緑の部
深鍋に入れ、
鶏肉のエキスが
出尽くすまでコトコト煮
仕上げに
隠し味の
カレー粉を少々
白ネギ、大葉、
しょうがを極細の
千切りにし、
食べる直前にコショウを

ぷりぷりメニュー

バリバリ
関西人の
チズ秘伝!
ごっつう
うまいで!

2

美肌食材をたっぷり入れて
体の中から肌を磨く!

・美肌お好み焼き・

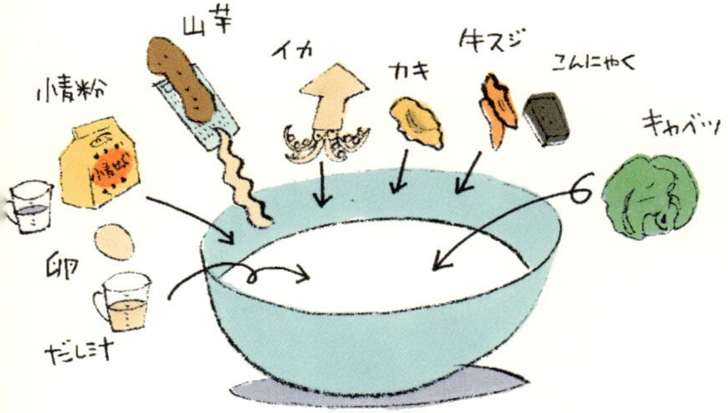
山芋
イカ
カキ
牛スジ
こんにゃく
小麦粉
キャベツ
6
卵
だし汁

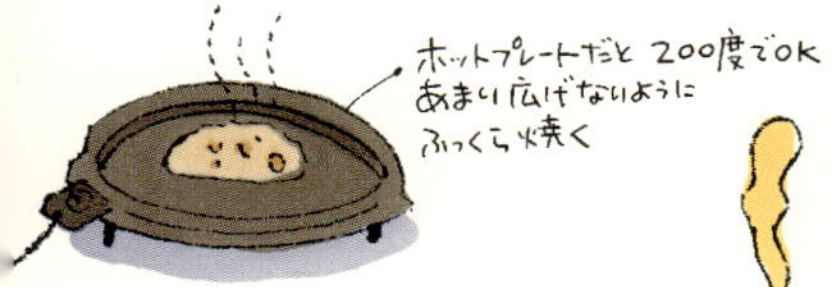
ホットプレートだと 200度でOK
あまり広げないように
ふっくら焼く

肌の弾力を
引き出す
かつお節
タミンUの
青のり
とんかつソース

材料 (2人分)

キャベツ………200g
小麦粉…………100g
だし汁…………1/2カップ
卵………………1個
山芋……………50g
かつお節………適量
青のり…………適量

※中に入れる具は、イカ、こんにゃく、牛スジ、カキなどお好みで。こんにゃくと牛スジは、しょうゆとみりんで甘辛く煮ておくこと!

つくり方

1 キャベツを千切りにし、山芋はすりおろす。
2 ボウルに小麦粉、卵、だし汁を入れて混ぜる。
3 2に1と具を加えて、よく混ぜ合わせる。
4 フライパンまたはホットプレートに油をひき、3を両面焼く。
5 焼きあがったらソースをぬり、上からかつお節や青のりをふりかける。
6 キャベツや青のりのビタミンUは、別名「キャベジン」。胃腸の状態を整えてくれます。

黒ゴマ大さじ1杯入れるとグッド!
朝はコーヒー・フルーツ・ヨーグルト・トマトジュースを欠かさない4ズ
季節のフルーツその時の旬のものを

朝の果物は金

中国の格言よ!
朝の果物は金
朝は木の上になる果物を!
昼は土の上にできる米、野菜などを!
夜は土の中にできる根菜類を!

胃も肌もよろこぶ果物をもりもり食べましょ!

果物の糖質は、すぐに体内に吸収されるエネルギー源。睡眠中に失われたエネルギーを効率よく摂取できるといわれているの。心身がシャキッと目覚め、美肌づくりにもいい果物は、私の大好物。旬の果物を刻んでヨーグルトに入れたりして、毎朝食べてま〜す!

Oh!

目からウロコ！腹から胃液

太らない食べ方があった！

食事をする時にはまずフルーツを！
消化酵素を高め
胃の負担を軽減してくれるのよ

NOW ON SALE!

消化酵素を高めるフルーツベストランキング！

NO. 1 パイナップル

2 スイカ

3 いちご

4 りんご

5 キウイ

6 グレープフルーツ

ステーキを食べる時は
2 ポテト
1 パイナップル
3 ステーキ

動物性たんぱく質はラストに食べる

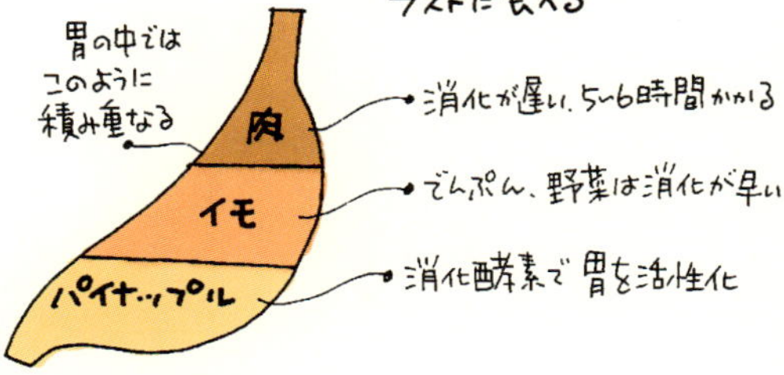
胃の中ではこのように積み重なる
肉
イモ
パイナップル
消化が遅い、5〜6時間かかる
でんぷん、野菜は消化が早い
消化酵素で胃を活性化

食事はフルーツから！

肉などの消化の悪いものを最初に食べてしまうと、胃のなかで食べたものが山積みされた状態になるの。だから、消化をよくする果物をまず食べて。胃が活発に動いてくれるから、いつまでも食べ物が残ってしまう心配がないというわけ。

CHIZU IN THE ROOM

質素でシンプル．元祖ロハスのチズの日々

五感がよろこぶ水辺の暮らし

「50歳をすぎたら、居るだけでホッとできる家をもちたい」そんな思いから、住み始めた現在の自宅は、大きな窓から海が望め、部屋にはお花と香り、そして水と音楽を欠かしません。自分をちゃんと“ゆるめる”時間があるからこそ、「明日も頑張ろう!」という気になれる。心の美容は、何よりも大切よね。

ドリップでコーヒーをいれたときには、必ず主人にも特別カップでおそなえしています。

コーヒー好きだった
主人のために
毎日仏壇にコーヒーを
おそなえ
あなた
コーヒーが
入りましたよ

空がピンク色に染まる夕方、羽田空港の上空を飛んでいる飛行機を眺めるのが私のリラックス・タイム。

ディオールのスーツも
着るけれど…
着物の端切れを
ぬいあわせて
ワンピースを作る
ロハスなチズ

エヘッ
かわいいやろ!

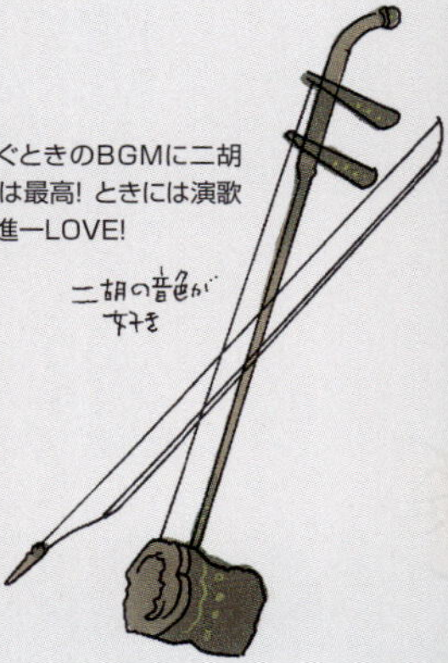
二胡の音色が
好き

くつろぐときのBGMに二胡の音色は最高! ときには演歌も。森進一LOVE!

自宅では作務衣だけど
こういうスタイルも好き

家では「くつろぎのウエア」ですごします。作務衣がお気に入り!

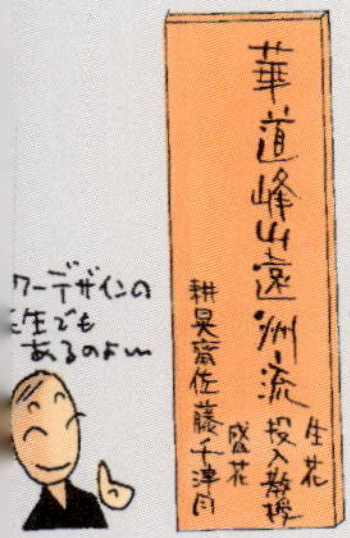

華道峰出遠洲流
生花 投入教授
盛花
ワーデザインの
生でも
あるのよ〜

生花は欠かしません。水切りをして、最後まで花の命を大切にします。葉が枯れたら花の部分だけを切って、水に浮かべて楽しみます。

電動で水がチョロチョロ流れる花器を置いています。

カエル
こっと
を出して
乾燥はお肌の大敵！
室内に水盤
水の音が流れている

気分を休めるのにお香は欠かせません。京都出張のたびに、尾張屋さんに立ち寄ります。

友人がつくってくれた掛け軸
体のストレスは寝たらなおる！
でも頭のストレスは寝てもなおらない！
そういう時はお香と笑い
京都、尾張屋の「月の輪」
お店では「佐伯さんの匂い」と言われているの。
定番です

講演前夜のチズ
チズはゲラである
すましていても笑い出すと止まらない
ギャーッハッハッハ
コホン
講演前夜のホテルで…
ギャーッハッハッハ！
マネージャー
し、しまったあ…
知らんわこんなヤツ
笑いすぎて小ジワバリバリ声ガラガラ
佐伯チズでございます

オンナの友情？ ありえない！

常に『一匹狼』のチズ
女の世界に長年いたからこそ 知っている オンナの正体
女性は足を引っぱることは あっても、手を引っぱることはない！ まさに「ジェラシーの生き物」
つるんじゃ ダメ！
味方に つけるなら 年上の女性！
ひとりで行動 することを 怖がらない！
いいオンナは つるまないのヨ
ホテルの バーカウンターでカルーアミルク を飲む

一匹狼はとっても気楽よ

化粧品メーカーに勤めていたころ、私は同業の友達を一人ももたなかった。オンナが集まれば必ず他人の悪口。ひとりでお蕎麦屋さんや、ホテルのバーに行くほうがよっぽど充実した時間がすごせる。困ったときに相談するのも、もっぱら年上の女性ね。同世代だと必ず“ジェラシー”が入ってくるから。それで寂しいと感じたことなど一度もないし、一匹狼でいたからこそ、今の私があると思ってるわ。

佐伯チズ物語 3

PART

60歳 いろいろやりたいことはあったけど…
天王洲の自宅で1日2組の
隠れ家的サロンを細々と始める
60歳で出した本
出版したとたん
ドッカーン!と売れ
人生一変!
美肌革
佐伯チズ
ベストセラー
61歳 東京・代々木に
ビューティータワーをプロデュース
今やエステも3年待ち
という人気!

会社員〜美肌師"佐伯チズ"

どうしてもやりたかったこと。それは、自分の本を出すこと。会社員時代にいえなかったこと、全国の女性に伝えたいことを一冊の本にまとめたい……。出版が実現すると、予想以上の反響で著書は現在、計11冊・累計170万部を超すまでに! テレビや雑誌の取材、各地での講演会と飛び回りながら、サロンでのお手入れも続ける。次の目標は世界進出!?

最初の講演はデパートの通路で…
10人でも1000人でも
まったく変わらない
チズのトーク
しかし、2006年には有楽町国際フォーラムで
1000人以上がつめかけた!

でも化粧品は
ぜったい
作らない!
チズのポリシー
みんなに伝えたい
お金をかけなく
ても、
きれいになれる!
COTTON
チズコットン
2006年2月にソニープラザと
一部書店で販売開始
だれでも
きれいになれるのよ!
信じなさい!
韓国でも
いよいよ出版!
世界進出が始まった!
みんな
あきらめちゃ
ダメ!
願いは
かなえるもの!
14歳から80歳まで、男性からも
熱い視線が…

◆おわりに◆

昨年の11月、あるパーティの席で、私はこう宣言しました。「来年は、みなさんがビックリするような本を出版します!」。何をかくそう、その“ビックリするような本”というのが本書だったのです。私の夢というのは、ものすごくシンプル。日本中、いや世界中の女性をきれいにすること。絵の楽しさに国境はありませんから、この本が各国に広がりすべての女性がきれいになれば、世界はもっともっと良くなると信じています。「佐伯さんは、また大胆な話をするわね」。そうお思いになる方もいるかもしれません。でも私は、いつだって夢は口に出し、そしてかなえてきたのです。実は絵本の登場人物になることも、私の夢でした。だから、私はこの本でまたひとつ、夢を実現することができたのです。みなさんも夢は見るだけでなく、かなえてほしい。そこに「きれい」の要素が加われば、人生は面白いように好転していきますから。これだけは自信をもってお伝えしておきます。

2006年4月　佐伯チズ

Salon doré ma beaute

CHIZU SAEKI

60歳でジャンプしたチズ
世界は自分の想いを
かなえるためにある！
あなたもあきらめないで！

大好評ベストセラー!

美肌塾

佐伯チズ

進化版

もっときれいになりたい人へ!
お風呂で使えるポスター付き

肌トラブルの「なぜ」を知って
佐伯式ケアで「どうする」を実践!
『美肌革命』で佐伯式の効果を
実感した女性におすすめの1冊!
袋とじに隠された超裏ワザも必見!

定価:1365円 講談社

DVD版

佐伯チズの「手のひら」スキンケア・メイク

佐伯チズ

映像編

画面に合わせて一緒にレッスン!
読むより観てマスターしたい方に!

手のひらを使ったアイデア満載の
「佐伯式」スキンケアとメイク法。
高価な化粧品を買うより、
目に見えて肌がきれいになる!
日々のお手入れが楽しくなる!

定価:3129円 講談社

＊定価は税込みです。定価は変わることがあります。

大好評ベストセラー!

美肌革命

お金をかけずにきれいになる

佐伯チズ

シミ、シワ、くすみ、脂浮きなど、
肌トラブルを改善する究極のケア法

シミには「美白パック」。
シワには「縦・横」マッサージ。
佐伯式「美肌エクササイズ」と
お手入れ法で、お金をかけずに
誰もが必ずきれいになれる!

応用編

定価:1260円 講談社

美肌食

佐伯チズ

おいしく食べてきれいになる!
食事で肌は変わります!

たとえ、10万円のクリームをつけても、
毎月エステに通い詰めても、
毎日の食事が「いい加減」では、
絶対きれいになれない!
カンタン「美肌メニュー」を初公開!

食事編

定価:1260円 講談社

＊定価は税込みです。定価は変わることがあります。

著者・佐伯チズ（さえき・ちず）

1943年生まれ。OLを経て美容学校、美容室勤務ののち、'67年、フランス化粧品メーカー、ゲラン入社。その後、渡米などを経て'88年、パルファン・クリスチャン・ディオールのインターナショナル・トレーニング・マネージャーに就任。2003年6月、クリスチャン・ディオールを定年退職後、エステティック・サロン「サロン・ドール・マ・ボーテ」を開業。現在は'04年10月に自らがプロデュースした東京・代々木の総合美容施設「ビューティータワー」内にサロンを構え、現役エステティシャンとして活躍中（(問)ファクス/03-6775-7111 URL/http://www.beauty-tower.jp）。また'04年末に「佐伯チズ チャモロジー（魅力学）・スクール」を開校。
著書には『DVD版 佐伯チズの「手のひら」スキンケア・メイク』『美肌革命』『美肌塾』（以上、講談社）などがある。

絵・アバウト白浜（あばうと・しらはま）

本名、白浜美千代。大阪生まれ。桑沢デザイン研究所、セツ・モードセミナーで学ぶ。1979年、アジア中近東を1年間旅し、'82年よりフリーランスイラストレーターとして活動開始。'89年、ニューヨークのFashion Institute of Technologyでファッションドローイングを学ぶ。'93年、銀座アップタイトギャラリー、'95年、ギャラリーウエスト、2002年、ギャラリーパレアナにて個展開催。'03年、講談社出版文化賞さしえ賞を受賞。新聞、PR誌、雑誌、単行本カバー、小説挿絵などで幅広く活動中。佐伯チズ氏のデビュー作から3作品の装画を手掛けた。趣味はサイクリング、遺跡めぐり、インド映画鑑賞。

肌《はだ》づくり絵本《えほん》 美肌《びはだ》の花道《はなみち》 佐伯《さえき》チズでございます！
2006年4月25日 第1刷発行

著者 佐伯《さえき》チズ
絵 アバウト白浜《しらはま》
©Chizu Saeki/About Shirahama 2006, Printed in Japan
ブックデザイン 鈴木成一デザイン室
装画 アバウト白浜
発行者 野間佐和子
発行所 株式会社講談社
東京都文京区音羽2-12-21 郵便番号112-8001
電話 編集03-5395-3530 販売03-5395-3625 業務03-5395-3615
印刷所 大日本印刷株式会社
製本所 株式会社若林製本工場

落丁本・乱丁本は購入書店名を明記のうえ、小社業務部あてにお送りください。送料小社負担にてお取り替えします。
なお、この本の内容についてのお問い合わせは生活文化第三出版部あてにお願いいたします。ISBN4-06-274228-4
本書の無断複写（コピー）は著作権法上での例外を除き、禁じられています。定価はカバーに表示してあります。